产业结构变迁与汇率制度选择
The Modification of Industry Structure and Exchange Rate Arrangement

张广斌 著

云南大学出版社

前　言

关于汇率制度选择的争论，源于金属本位退出历史舞台和信用货币兴起时期。进入布雷顿森林体系以后，钉住美元的固定汇率制度处于绝对优势地位，但随着美元地位的逐渐走弱，选择浮动汇率制度的呼声日趋高涨，对于汇率制度选择的大争论拉开了帷幕。

布雷顿森林体系下的世界货币体系蕴涵了浮动汇率制度取代固定汇率制度的冲动。固定汇率制度的拥护者处于防守地位，浮动汇率制度的拥护者处于攻击态势。当时的历史条件决定了在进行汇率制度选择争论时，更多的是从宏观经济变量和汇率制度外生的角度进行考虑。同时，布雷顿森林体系下的汇率制度争论大多是在发达国家的经济学家之间展开，经济学家们的观点难免会染上本国主流学派的观点，并在潜意识中以卷入争论的经济学家们所在国家作为分析汇率制度选择的蓝本。这样，一方面导致了对发展中国家汇率制度选择的忽略，另一方面，由于发达国家的经济结构相似，无论是"长期"还是"短期"，对他们进行汇率制度选择的影响都不大，对汇率制度选择"期限"的忽略也就在所难免。

进入牙买加体系以后，无一例外地，发达市场经济国家选择了浮动汇率制度，而绝大多数发展中国家则选择了钉住式的固定汇率制度、中间汇率制度、有管理的浮动汇率制度，或者干脆放弃本国货币，直接以某一发达国家的货币作为本国货币。1997年亚洲金融危机以后，相继兴起了"原罪论"和"害怕浮动论"。"原罪论"将发展中国家之所以实行固定汇率制度归因于发展中国家对"货币错配"和"期限错配"进行"原罪"的结果;"害怕浮动论"则认为发展中国家之所以选择固定汇率制度是对"荷兰病"的恐惧和政府公信力的缺失。"原罪论"和"害怕浮动论"与其说是对发展中国家选择固定汇率制度原因的寻找,毋宁说是对发展中国家选择固定汇率制度既成现实的谴责。不可否认,现有的主流汇率制度选择理论应用于发展中国家,存在着诸多的不公平之处。集中到一点,现有的主流汇率制度选择理论的局限性主要表现在对各国发展程度不同的忽略,忽略了发展程度差异,实际上就是忽略了影响发展中国家汇率制度选择的最主要因素。

各国之间发展程度差异可以通过产业结构的差异得到体现。同时,由于经济发展程度差异在概念上的抽象性,使运用产业结构差异对汇率制度选择进行分析成为可能。运用 Logistic 二元离散被解释变量计量经济学模型对产业结构和汇率制度进行回归分析以后,本文得出:汇率制度选择与产业结构之间高度相关,产业结构高度越高的国家越倾向于选择自由浮动汇率制度,产业结构高度越低的国家越倾向于选择非自由浮动的汇率制度。

然而,尽管通过 Logistic 回归分析得出汇率制度选择与产业结构高度之间存在高度相关,但其内在机理何在呢?

根据内生经济增长理论及罗斯托对于主导产业和产业结构之间关系的论述和统计分析,我们认为:经济增长、产业结构变迁和主导产业更替都是由技术进步所内生决定,产业结构高度的提升离不开主导产业的更替。

根据弗农的"产品循环说"和赤松要的"雁行产业发展形态说",主导产业更替在世界范围内遵循了由发达国家向次发达国家再向发展中国家的转移过程。比较优势理论、特定要素模型、要素比例理论和规模经济理论是现有的解释一国对外贸易结

构的主要理论,从静态时点上解释贸易结构,所隐含的意义是:进出口商品是特定要素和要素禀赋的载体,一个国家实际上是在输出和引进特定要素和要素禀赋。"雁行产业发展形态说"和"产品循环说"是连接主导产业转移和进出口结构的主要理论,从动态时间上解释贸易结构问题。

将相对静态的特定要素和动态的主导产业转移相融合,揭示出发展中国家与发达国家在进出口商品上的互补性。同时,发展中国家的出口商品在发达国家市场上面对的应该是一个完全竞争或近似于完全竞争的市场。而发达国家的出口商品在发展中国家面对的应该是一个完全垄断、近似完全垄断或者垄断竞争的市场。这种进出口商品的市场格局对发展中国家的出口商和政府都有着不可消除的影响,从而,这种影响就必然反映在对汇率制度选择的态度上。

以产业结构为出发点分析汇率制度选择,实际上就是从实体经济角度来考虑汇率制度选择问题,这直接导致了对一国金融部门的忽略。在汇率制度选择的路径选择上,对一国金融部门的忽略等同于对资本与金融账户的忽略。对于发展中国家来说,在资本与金融账户没有开放的条件下,毫无疑问,汇率制度的选择取决于经常账户的影响,也就是实体经济的影响;在资本与金融账户已经开放的条件下,由于本位货币不可能作为世界货币和预算约束的存在,在较长时期内,资本与金融账户的余额受制于经常账户余额。在汇率制度选择过程中,资本与金融账户处于从属地位,经常账户处于主导地位。

在做了假设条件以后,假定世界上只存在两个极端国家,一个是处于发展初期的国家,一个是极端发达的国家。通过对发展中国家进出口产品结构的分析,可以得出:发展中国家更倾向于选择管理多于浮动的非自由浮动的汇率制度,发展中国家由非自由浮动汇率制度向自由浮动汇率制度转换的时间进程由产业结构

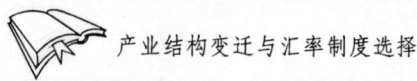产业结构变迁与汇率制度选择

高度差距的缩小进程所决定。

在一国范围内，正是由于技术进步导致了主导产业的更替，反过来，主导产业的更替又促进了技术进步和产业结构变迁，而产业结构变迁又加快了主导产业更替。同时，主导产业更替影响了一国的进出口结构，而进出口结构又影响了汇率制度选择。那么，产业结构变迁和汇率制度选择之间的高度相关性就得到了解释，汇率制度之间转换的"拐点"不应该是一个确定的"点"，而是一个长期的平滑过程。

从我国汇率制度发展变迁的历史过程中也可以看出，我国一直处在效率与稳定之间的两难选择。在我国的汇率制度选择过程中，应该考虑产业结构和汇率制度之间的适配性问题。通过对我国主导产业的分析，引申出我国出口产品在发达市场国家中的竞争性地位和我国从发达国家进口产品在我国市场上的近似垄断性的地位，那么，我国在汇率制度选择上，理应实行非自由浮动的汇率制度，而且这应是一个长期策略。

目 录

前 言 ·· (1)

第1章 导 论 ·· (1)
  1.1 本书的写作背景和目的 ························ (1)
  1.2 本书的研究思路与方法 ························ (5)
  1.3 本书的研究内容 ······························ (7)
  1.4 本书所做的创新工作 ·························· (8)
  1.5 本书的逻辑框架 ······························ (9)

第2章 国际货币制度安排下的汇率制度和选择理论 ······ (10)
  2.1 早期汇率制度的发展历程 ···················· (10)
  2.2 布雷顿森林体制下的汇率制度和汇率制度争论
     ·· (14)
  2.3 牙买加体系下的汇率制度和汇率制度选择模型
     ·· (18)

第3章 现有汇率制度选择理论应用于发展中国家的局限性 …………………………………………… (28)
3.1 宏观分析的局限性 ………………………………… (29)
3.2 外生分析的局限性 ………………………………… (30)
3.3 "短期"分析的局限性 …………………………… (31)
3.4 忽略各国经济发展程度不同而引致的局限性 … (32)
3.5 产业结构——解决汇率制度选择理论局限性的一个新视角 ……………………………………… (33)

第4章 产业结构高度和汇率制度选择的实证分析 ……… (37)
4.1 对产业结构高度的历史解释 …………………… (37)
4.1.1 三次产业分类和配第—克拉克定理 …… (37)
4.1.2 库兹涅茨提出的产业结构演变规律 …… (40)
4.1.3 产业结构高度替代变量的寻找 ………… (42)
4.2 汇率制度分类概述 ……………………………… (43)
4.2.1 名义分类法 …………………………………… (43)
4.2.2 实际分类法 …………………………………… (48)
4.3 汇率制度变量的选取 …………………………… (52)
4.4 Logistic 回归分析 ……………………………… (53)
4.4.1 对数据来源的说明 ………………………… (53)
4.4.2 1997 年数据回归结果 …………………… (55)
4.4.3 2000 年数据回归结果 …………………… (60)
4.4.4 2003 年数据回归结果 …………………… (65)
4.5 对三组数据回归结果的比较 …………………… (70)
4.6 对回归结果的两点说明 ………………………… (73)

目 录

4.7 对例外事项的说明 ………………………………(77)

第5章 产业结构变迁与汇率制度选择之间关系的内在机理
………………………………………………(82)

5.1 经济增长、技术进步、主导产业更替与产业结构变迁
………………………………………………(82)

　5.1.1 技术进步和经济增长 ………………………(82)

　5.1.2 技术进步、主导产业更替与产业结构变迁
………………………………………………(84)

5.2 汇率制度选择中资本与金融账户和经常账户的地位
………………………………………………(92)

　5.2.1 预算约束条件下资本与金融账户和经常账户
之间关系的理论 ………………………………(93)

　5.2.2 预算约束条件下资本与金融账户和经常账户
之间关系的个案分析 …………………………(97)

　5.2.3 小　结 ……………………………………(115)

5.3 主导产业更替对进出口产品结构的影响 ………(116)

　5.3.1 对相对静态国际贸易理论的简单评述
………………………………………………(116)

　5.3.2 对"雁行产业发展形态说"和"产品循环说"
的阐释 ………………………………………(120)

　5.3.3 世界主导产业更替过程中的贸易结构转换
——以纺织产业为例 …………………………(123)

5.4 基于两个极端国家的汇率制度选择模型 ………(132)

　5.4.1 模型的假设条件 …………………………(132)

5.4.2 A 国出口厂商和政府的行为分析 ……… (134)
5.4.3 B 国出口厂商的行为分析 ……………… (146)
5.4.4 对汇率制度选择的判断 ………………… (147)
5.5 产业结构变迁与汇率制度选择之间关系的理论模型
……………………………………………………… (152)

第 6 章 我国汇率制度选择与产业结构适配性 ………… (156)
6.1 我国汇率制度的历史变迁过程 ……………… (156)
6.2 我国的主导产业更替和进出口结构 ………… (159)
6.3 对我国汇率制度选择的思考 ………………… (162)
6.4 小 结 ……………………………………… (165)

第 7 章 结 论 ……………………………………… (168)

参考文献 ……………………………………………… (182)

第1章 导　　言

1.1　本书的写作背景和目的

近年来，人民币在周边国家和地区的流通数量逐渐增多，并且，随着对人民币升值的预期，人民币所受到的欢迎程度前所未有。于是，一大批学者大胆地预言，在未来，人民币将很有可能成为国际货币，并且对人民币国际化的战略步骤提出了较为具体的规划。

不可否认，对于周边或者发展程度较低或者经济体较小的国家和地区来说，由于人民币汇率在过去的很长一段时期内非常稳定，并且在2005年人民币币值上升预期的作用下，人民币作为保值手段得到了较为广泛的认可。但是，在区域内可以较为自由流通的货币并不等于国际货币。蒙代尔[①]认为，一国货币的国际化需要具备很多条件，其中，最基本的条件是成为完全可自由兑换货币。假设人民币可以成为国际货币，人民币就肯定是完全可自由兑换货币，资本与金融账户必然已经开放。根据克鲁格曼的三元悖论，在资本与金融账户开放的条件下，就必须在固定汇率制度和独立的货币政策之间作出取舍。蒙代尔还论述道：最强的货币是由最强的政治实力提供的，这是一个具有历史传统的事实。很难想象，而且在现实中也没有发现，具有强大政治实力的

[①] 参看蒙代尔. 蒙代尔经济学文集（第六卷）国际货币：过去、现在和未来 [M]. 北京：中国金融出版社，2003.

国家会放弃独立的货币政策，而仅将货币政策作为对冲工具，屈从于外部冲击。可见，如果人民币在未来有成为国际货币的可能，那么就必须走向浮动汇率制度。从而，人民币的国际化道路就构成了本书进行研究的背景条件之一。

在牙买加体系下，储备货币多元化、浮动汇率合法化和各国自主调整国际收支是其三大基本框架，其中，并没有"特里芬悖论"式的重大矛盾。① 从表面上看，相对于布雷顿森林体系，牙买加体系给予了各国更多的自主选择权利。然而，牙买加体系下，发展中国家与发达国家之间在国际交往中的利益不对称却并没有随着布雷顿森林体系的崩溃而消除。

当一国货币作为世界货币以后，这个国家就有了从世界各国征收铸币税的权利。储备货币多元化并没有能够使哪个发展中国家的货币成为世界货币，它不过是将美元一种货币作为世界货币转变为将多种发达市场经济国家货币共同作为世界货币的既成现实的确认。

易纲②（2000）认为：真正有弹性的、完全浮动、灵活调整的市场化的汇率是发达国家硬通货的一种"奢侈品"。牙买加体系建立以后，所有的发达国家实行了浮动汇率制度（欧盟实行对内固定、对外联合浮动的汇率制度），而大多数发展中国家实行了钉住式的固定汇率制度或者有管理的浮动汇率制度，这意味着这些发展中国家或者依附于某一货币或者汇率难以自由浮动。如此说来，浮动汇率合法化扩展了发达市场经济国家对汇率制度选择的范围，但对于发展中国家来说，在怎样的条件下才能选择浮动汇率制度仍是一个难解的谜团。

至于自主调整国际收支，首先，国际收支大多以世界货币来

---

① 参看赵德志. 国际货币制度的现状和发展趋势研究 [M]. 昆明：云南科技出版社，1999.

② 易纲. 汇率制度的选择和人民币有效汇率的估计 [A]. 2000年：中国人民银行工作人员论文集第2期.

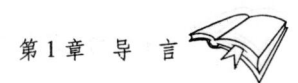

第1章 导言

表示，这意味着发展中国家受到的国际收支约束要远大于发达国家；其次，"自主"意味着发达国家不承担救援发展中国家国际收支失衡的道义上的责任。

显然，从支撑牙买加体系的三大支柱来看，发展中国家与发达国家之间存在着明显的国际交往中的利益不对称。然而，在国际交往中，动辄就会听见发达国家对发展中国家操纵汇率的指责，那么，在国际交往明显利益不对称条件下，这种指责合理吗？发达国家能够为发展中国家指出合理的汇率水平吗？公平的汇率水平应该建立在怎样的汇率形成机制上呢？

现行信用货币制度下利益非对称与建立公平的汇率机制就构成了本书进行研究的背景条件之二。

新中国成立以来，人民币汇率制度改革从来就没有间断过。1997年亚洲金融危机以后，人民币汇率与美元保持着实际上的固定比价。2005年，人民币汇率制度由原来有管理的浮动汇率制度（实际上是钉住美元的固定汇率制度）转变为以市场供求为基础的参考一篮子货币进行调节的有管理的浮动汇率制度。可以说，人民币汇率制度一直在进行着"效率"与"稳定"之间的两难选择。学术界普遍认为，人民币最终要放弃固定汇率制度而逐步走向浮动汇率制度，但是，这种观点并没有把人民币汇率制度放在一个为多数人所认可的参照体系内进行论证，或者说人民币汇率制度选择的范式难以令人信服。

纵观汇率制度选择的历史发展轨迹，金属本位货币崩溃以后信用货币建立之初的金块论战实际上就隐含了两种汇率制度的原始雏形，那时候，人们似乎还没有意识到在信用货币体制下也可以将本币人为地钉住另外一种货币而产生类似于金属本位货币条件下的固定汇率制度。第一次世界大战到第二次世界大战之间，以邻为壑的货币竞相贬值过程，无论是在经济上还是在感情上，都给人们造成了极大的伤害。第二次世界大战以后，在实际上应用了凯恩斯均衡汇率思想的基础之上，建立了以美元为中心的布雷顿森林体系。然而，由于"特里芬悖论"的存在，1976 年，布雷顿森林体系崩溃，世界货币体制进入牙买加体系时期。

进入牙买加体系以后，不可否认的现实是：发达国家几乎无一例外地选择了浮动汇率制度，而绝大多数发展中国家却长期实行钉住式的固定汇率制度、中间汇率制度、有管理的浮动汇率制度，或者干脆放弃本国货币，直接以某一发达国家的货币作为本国货币。"随着欧盟作为单一货币区的出现，东亚发生过金融危机的国家和地区在经济稳定后不久便试图使其本国货币与美元挂钩，而这最终导致了布雷顿森林体系的复苏。"①②（Dooley et al., 2003；黄海洲 2005）绝大多数经济学家将这一现象归因为发展中国家金融市场的不健全、"害怕浮动"和"原罪"的结果。固然，金融市场的不健全、对荷兰病的恐惧以及本国货币难以得到国际市场的认可，都是发展中国家选择非自由浮动汇率制度不可回避的现实。然而，与其说这些关于发展中国家的汇率制度选择理论是对发展中国家选择非自由浮动汇率制度根源的探索，倒不如说是对发展中国家既成现实的非难。

在发展中国家，金融市场不健全、"害怕浮动"和"原罪"有着深刻的历史根源，是由其本身的经济发展程度较低所造成，从这个角度来看，发展中国家之所以选择非自由浮动的汇率制度的根源是发展中国家与发达国家之间存在的巨大发展程度差异和汇率制度选择的内生性质。

随着世界经济一体化程度的加深，国家之间的实物贸易和金融交易已经影响到了人们生活的方方面面。一国宏观经济政策的

---

① Dooley, M. P., D. Folkerts - Landau and P. Garber. "*An Essay on the Revived Bretton Woods System*" [J]. NBER working paper 9971, 2003.

② 黄海洲. 汇率制度与经济增长：来自亚洲发展中国家和欧洲发达国家的经验研究 [J]. 经济学（季刊）2005 年 7 月，第四卷第 4 期.

制定必须考虑在开放条件下国家之间的相互影响，企业的微观运行也必须放在国际竞争的环境下进行决策，20世纪末和21世纪初的几次货币危机和金融危机，无不与汇率和汇率制度存在这样或者那样的关联，可以说，汇率已经成为各国牵一发而动全身的敏感部位。众所周知，与发达国家相比，在汇率制度选择上，发展中国家先天不足，然而，现有的汇率制度选择理论或者把发展中国家的汇率制度选择等同于发达国家，或者认为发展中国家的汇率制度选择是"原罪"和"害怕浮动"的结果，并没有对不同发展程度的国家在汇率制度选择上进行前提条件的界定。从这个意义上来说，在国际金融危机时有发生的今天，从理论和现实的双重角度来界定发展中国家和发达国家在汇率制度选择上的前提条件，探索发展中国家汇率制度选择的范式，就不仅是中国的事情，也是所有发展中国家的事情。

本文旨在从一个全新的视角，研究在较长时期内汇率制度是如何进行选择的。

本研究的出发点是产业结构变迁，最终目标是汇率制度选择。通过研究，如果能够有力地论证产业结构变迁和汇率制度选择之间存在着较强关联。则从理论上可以说明影响汇率制度选择的深层次原因，从应用前景上可以对汇率制度的选择提供一个较易于衡量的参照系——产业结构变迁。同时，结合我国产业结构的变迁，对我国的汇率制度选择作出阐释。

1.2 本书的研究思路与方法

一、研究思路

从霍特里、卡塞尔、凯恩斯、弗里德曼、米德、特里芬、蒙代尔、万尼斯基、哈伯勒、拉弗和贝拉萨等国外著名经济学家关于固定汇率制度和浮动汇率制度的争论中，以及我国经济学家，如易纲、陈平、王曦等，关于人民币汇率制度选择的争论及研究中，我们可以很清晰地发现，除了蒙代尔的"最优货币区理论"以外，所有人都是以汇率制度为出发点，对什么样的汇率制度更有益于经济增长、物价稳定、充分就业和国际收支平衡进行了辩论，汇率制度的选择似乎是一个外生变量。

目前，对经济增长与汇率水平变动之间关系的论述很多，但涉及在不同的经济发展水平上应该选择何种与之相适应的汇率制度的论述却几乎没有。汇率变动能够引起国内贸易品和非贸易品相对价格的变化，从而对贸易品和非贸易品的生产和需求产生影响，使得社会资源重新配置，最终影响经济结构变化。经济从不发达到发达的发展过程实际上就是产业结构的演变过程，在产业结构变迁的过程中，一国的支柱产业和先导产业也会随之变迁，根据弗农产品周期中的国际投资和国际贸易理论，发达国家和发展中国家的比较优势产品也应该有一个渐次更替的过程，支柱产业和先导产业的变化必然表现在一国的进出口结构上，这不仅反映在对汇率水平变化的要求上，更重要的是应该反映在对汇率制度重新选择的要求上。

产业结构的变迁影响了经济的发展水平，经济的发展水平又影响了汇率制度选择；反之，汇率制度选择影响了经济发展水平，而经济的发展水平又影响了产业结构的演进，汇率制度的选择对产业结构变迁具有重要影响。

既然汇率制度选择与产业结构变迁相关联，而产业结构变迁又可以较为准确的衡量，那么，通过对产业结构变迁与汇率制度选择之间关系的深入分析，应该可以找到汇率制度选择与产业结构变迁的对应关系。

二、研究方法

拟采用实证研究与理论分析相结合的方式。实证研究部分主要采用：（1）经验分析，主要应用于产业结构变迁与汇率制度选择之间关系的历史回顾。（2）数理分析，主要应用于主导产业更替对汇率制度选择的影响。（3）计量分析，主要应用于代表性国家产业结构变迁和汇率制度选择的实证研究。

理论分析主要运用现有理论的组合构建产业结构变迁与汇率制度选择之间关系的理论模型。

1.3 本书的研究内容

一、汇率制度的发展历程和现有汇率制度理论的局限性

按照逻辑顺序，必须首先对现有的文献资料和研究状况进行综述。从搜集到的资料来看，以产业结构为出发点对汇率制度选择进行的研究非常零散，而且仅有的研究也只是提出了汇率制度应该与产业结构相适应的观点或者看法，至于汇率制度应该如何适应产业结构，以及二者之间存在什么样的关系都没有涉及。

可以认为，以产业结构为出发点，对汇率制度进行研究，在路径选择上与之前的汇率制度选择理论存在很大不同。那么，本书的综述部分就应该是汇率制度选择理论，借此以说明之前的汇率制度选择理论的不足之处，从而引申出以产业结构为出发点进行汇率制度选择的可能性。

大多数的汇率制度选择理论都同当时经济环境紧密相连，为了对汇率制度选择理论有更深刻的认识，就有必要把汇率制度选择理论放在当时的历史环境下进行分析，以说明汇率制度选择理论受环境制约，并且随着世界货币体制的改变而应该寻找适合新的货币体制环境的汇率制度选择路径。

二、汇率制度选择与产业结构变迁的实证关系

上已说明，之前的汇率制度选择理论极少涉及产业结构对汇

率制度选择的影响。所以,在分析完现有汇率制度选择理论的局限性和从产业结构进行汇率制度选择分析的可能性之后,就有必要对二者之间的关系进行经验检验,以明确二者之间是否存在经验上的关联。如果能够通过经验分析,证明二者之间可能存在相关性,则在以下部分应该从经济学角度来分析二者之间是否存在理论上的相关性。

三、汇率制度选择与产业结构高级化的理论模型

汇率制度选择与产业结构变迁之间的理论模型是本书的重点部分。经验分析不可以取代理论证明,只有从理论上能够得出二者之间确实存在相关性,才可以说明这种选择路径是合理的。

四、在目前产业结构条件下我国汇率制度选择问题

本书最终是要对我国的汇率制度选择作出解释,所以,最后的落脚点是中国的汇率制度选择,特别是在目前条件下中国的汇率制度选择。

1.4 本书所做的创新工作

本书所做的创新工作主要包括以下几方面:

第一,从一个全新的视角去研究汇率制度的选择。具体说就是,从产业结构变迁的客观过程及其高度化层面探讨汇率制度选择与产业结构变迁的关系。

第二,综合现有的有关理论解释产业结构变迁对汇率制度选择的影响及其内在机理。

第三,从产业结构变迁的角度分析我国汇率制度选择的方向及路径。

第1章 导言

1.5 本书的逻辑框架

本书的逻辑框架如下图所示：

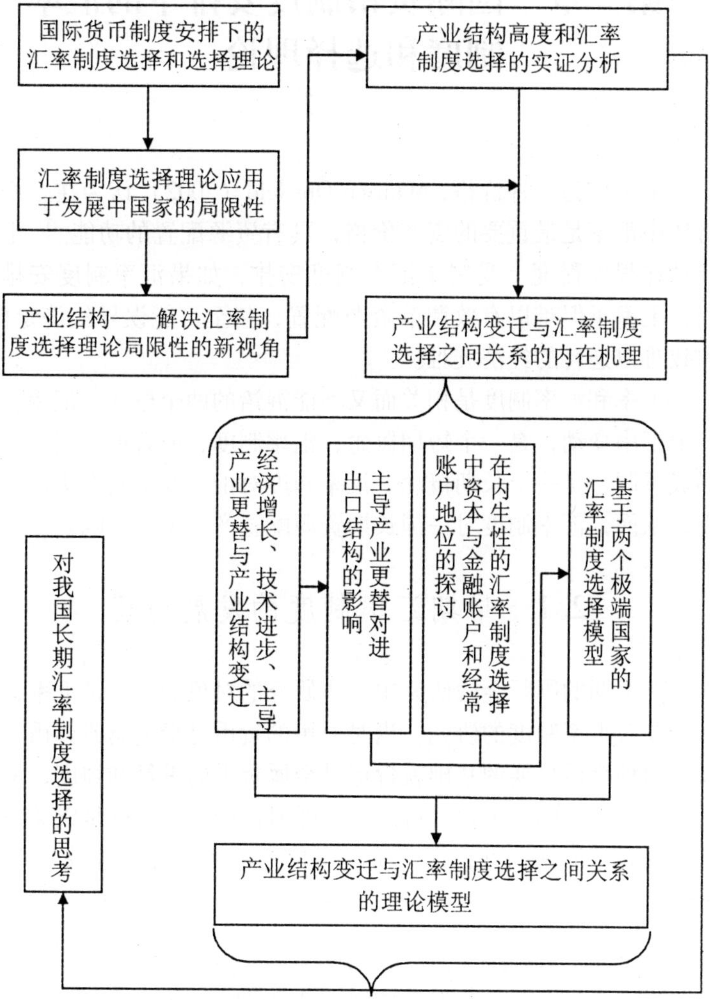

```
┌─────────────────┐      ┌─────────────────┐
│国际货币制度安排下的│─────▶│产业结构高度和汇率 │
│汇率制度选择和选择理论│     │制度选择的实证分析 │
└────────┬────────┘      └─────────────────┘
         │                        ▲
         ▼                        │
┌─────────────────┐              │
│汇率制度选择理论应用│──────────────┤
│于发展中国家的局限性│              │
└────────┬────────┘              │
         │                        │
         ▼                        │
┌─────────────────┐      ┌─────────────────┐
│产业结构——解决汇率制│─────▶│产业结构变迁与汇率制度│
│度选择理论局限性的新视角│   │选择之间关系的内在机理│
└─────────────────┘      └─────────┬───────┘
                                    │
         ┌──────┬──────┬──────┬──────┤
         ▼      ▼      ▼      ▼      ▼
      ┌────┐┌────┐┌────┐┌────┐┌────┐
      │经济增││主导产││在内生││基于两│
      │长、技││业更替││性的汇││个极端│
      │术进步││对进出││率制度││国家的│
   ┌─▶│、产业││口结构││选择中││汇率制│
   │  │更替与││的影响││资本与││度选择│
   │  │产业结││      ││金融账││模型  │
   │  │构变迁││      ││户和经││      │
   │  │、主导││      ││常账户││      │
   │  │      ││      ││地位的││      │
   │  │      ││      ││探讨  ││      │
   │  └──┬─┘└──┬─┘└──┬─┘└──┬─┘
   │     └─────┴──┬───┴─────┘
   │               ▼
┌──┴──┐      ┌─────────────────┐
│对我国│      │产业结构变迁与汇率制度│
│长期汇│◀─────│选择之间关系的理论模型│
│率制度│      └─────────────────┘
│选择的│
│思考  │
└─────┘
```

·9·

第 2 章　国际货币制度安排下的汇率制度和选择理论

汇率作为一种价格，Maurice Obstfeld（2002）认为在一个经济体中汇率是最重要的资产价格，具有资源配置的功能。① 汇率变动在很大程度上受制于汇率制度安排，如果汇率制度安排不当，汇率不但难以有效调节资源配置，甚至可能误导经济走向，引致难以逆转的经济灾难。

汇率和汇率制度是相关而又不能混淆的两个概念。汇率，或者说汇率变动，是一个短期概念；汇率制度，或者说一国的汇率形成机制，是一个长期概念。汇率制度对汇率变动具有决定性作用，从而，汇率制度对一国长期资源配置产生重要影响。

2.1　早期汇率制度的发展历程

在早期的国际金融研究中，所研究的对象实际上是汇率，并未涉及对汇率制度的研究。当时通用的货币是贵金属或铸币，所以，两种货币兑换的基础就肯定是金属货币的重量和纯度，汇兑平价具有内生的稳定性。可以说，那时候的汇率制度是以铸币为基础的固定汇率制度，这一阶段可以追溯到"重商主义"甚至

---

① Maurice Obstfeld (2002): "*Inflation - targeting, Exchange - rate Pass - througe, and Volatility,*" The American Economic Review, Vol. 92, No. 4, May. pp. 102 - 107.

第2章 国际货币制度安排下的汇率制度和选择理论

之前的一段时期。① 在那些久远的年代，跨国借贷较少，国家之间的经济交往主要体现在商品的进出口上。当一国出现贸易顺差时，其国内货币供给增加，物价上升，从而出口会减少，进口会增加；反之，当一国出现贸易逆差时，其国内货币供给减少，物价下降，出口增加，进口减少。② 这种早期原始的固定汇率制度以金属的实际价值为基础，把各国货币有机地联系在一起，被后人认为是一种自动均衡的理想汇率制度。

18世纪中期到20世纪30年代，是铸币向信用货币的过渡阶段，③ 由于这一阶段本位货币的特殊性，各国所执行的汇率制度既有上述意义上的早期固定汇率制度的身影，也有早期浮动汇率制度的雏形。

1745年，瑞典脱离金平价，政府企图通过对外汇市场的干预来保持汇率稳定，但由于参加"七年战争"，瑞典国内出现了不同寻常的通货膨胀。浮动汇率加上通货膨胀，使瑞典货币对外明显贬值。1777年，瑞典实行了长达32年的浮动汇率宣告失败。④

19世纪初，由于拿破仑战争，英国的财政开支猛增，英格兰银行停止银行券兑换金银（1797—1821），纸币过度发行，导致了黄金的纸币价格上升和英镑的外汇汇率贬值。⑤

"金块论战"就是围绕着黄金升水与货币对外贬值的原因展

---

① 参看陈岱孙，厉以宁. 国际金融学说史 [M]. 北京：中国金融出版社，1991年：16页.
② 参看休谟早期国际贸易学说，休谟经济论文选 [M]. 北京：商务印书馆，1983年.
③ 参看约翰·F. 乔恩. 货币史 [M]. 北京：商务印书馆，2002年.
④ 参看陈岱孙，厉以宁. 国际金融学说史 [M]. 北京：中国金融出版社，1991年：182页.
⑤ 参看陈岱孙，厉以宁. 国际金融学说史 [M]. 北京：中国金融出版社，1991年.

开的。金块主义者中的一些代表人物,如桑顿、李嘉图,都把货币对外贬值的原因归于纸币发行过度,并认为汇率的决定因素是物价水平,而物价水平又决定于货币数量。①

在由铸币本位向信用货币过渡的历史时期,大量的经济学家对当时的国际金融问题进行了较为详尽的分析,所研究的内容几乎包含了以后所有国际金融问题的原始雏形。

桑顿从增加货币发行量会提高本国出口商品价格,从而进口增加,出口减少,发生收支逆差的角度,论证了通货膨胀会引起本国通货汇价下跌。他的这种论证,没有把货币数量多少直接与两国的币值比较相联系,而是把货币数量与两国的物价相对水平的比较联系在一起。从这个意义上说,桑顿是100多年后卡塞尔购买力平价理论的先驱。

关于利率差异对资本短期国际流动以及汇率波动的作用,詹姆斯·斯图亚特曾做过分析,后来,托马斯·图克继承了这一思想。图克不同意以利率变化来调节一国的货币供应量与物价水平,但是,他看到,"通过一种对证券的强制行动,意味着或者抬高或者降低利率。这种行动的结果,在前一场合,它使可利用的资本变得不足,推动外国资本流入;在后一场合它使可利用的资本变得过多,推动资本流出。通过这种活动,会对金块的流入或流出发生影响"。他认为,通过利率与信用状况的以上变动,英格兰银行能够对外汇汇率直接发生影响。② 图克的这种看法,实际上包含了利率平价说的思想萌芽。

囿于当时的历史条件,尽管已经对国际金融问题展开了大规模的讨论,但金属货币还没有完全退出,信用货币也没有完全进

---

① 参看陈岱孙,厉以宁. 国际金融学说史 [M]. 北京:中国金融出版社,1991年.
② 参看托马斯·图克. 通货原理研究 [M]. 北京:商务印书馆,2005年.

第2章 国际货币制度安排下的汇率制度和选择理论

入,只不过在某一时间或者某一国家暂时地执行了信用货币,那么,在国际贸易过程中,只要某一方还在使用金属货币,则其他各方的货币就会不由自主地钉住这种货币,从而无法脱离铸币平价的束缚,信用货币的价值必然表现为它所代表的金属的价值。从这一层意义上来说,当时的汇率制度既有早期固定汇率制度的影子,也有钉住金属货币的原始浮动汇率制度的雏形。

种种迹象表明,在当时,执行信用货币的国家,对信用货币的管理重心还限于国内,并未对国家间的货币兑换作出相应的规定,在货币之间的兑换上,政府扮演着守夜人的角色。关于汇率制度的争论还没有浮出水面。

第一次世界大战中,各国集中黄金于本国银行金库,黄金差不多在整个世界范围内退出了流通。战后,各国相继放弃了金本位制,利用纸币的大量发行来弥补巨额的军费支出和财政赤字,黄金的地位让给了代表货币,黄金成了抽象事物。至此,汇率脱离黄金平价。[①] 金属本位让位于纸币本位以后,影响信用货币之间比价的因素变得复杂起来,汇率波动加剧,固定汇率制度和浮动汇率制度之间的争论拉开了帷幕。

1929年世界经济大危机之后,西方各国的货币竞相贬值,导致了严重的货币信用危机。在这种形势下,英国1925年恢复的金块本位制不得不于1931年宣告解体。直到1944年布雷顿森林货币体制建立的这段时期内,西方各国货币的汇率完全脱离黄金平价。

大多数经济学家认为,从第一次世界大战以后到布雷顿森林体系建立的这段时间,整个世界处于浮动汇率体制中。但是,按照固定汇率制度和浮动汇率制度的定义,这段时间的汇率制度并

---

① 参看陈岱孙,厉以宁. 国际金融学说史 [M]. 北京:中国金融出版社,1991年:213、409页。

不能称为完全浮动的汇率制度，至少不能称为清洁的浮动汇率制度。此时的汇率变化是受政府调控的单方面贬值过程，汇率变动服务于国内经济增长，实行这种汇率制度的理论依据是国际收支调节弹性理论。弹性理论从需求方面说明为什么贬值会改善贸易收支状况的作用，突出了与30年代大萧条相联系的需求不足。在这一段时间内，先后出现了卡塞尔的购买力平价理论和凯恩斯的古典利率平价理论。

金本位制让位于纸币本位制，促使经济学家对汇率制度进行了大量研究。理论界由此开始分为两个派别。一派属于古典派或旧派，如霍特里等人，主张恢复金本位汇率制度。在他们看来，金本位是完美无缺的自动均衡的理想制度。与这一派别相对应的是新派，如卡塞尔等人，他们认为金平价是可以改变的，一成不变的固定货币平价无法长期维持下去，因此，应当实行浮动汇率制度。这一开创性见解产生了最早的浮动汇率理论。①

早期的"浮动汇率"和"固定汇率"的争论，尽管已经提出了两种汇率制度模式，但由于这场争论的焦点在于是否应当恢复金本位为中心，所以，还难以对浮动汇率制度进行更为充分的理论分析。

2.2 布雷顿森林体制下的汇率制度和汇率制度争论

面对现实，支持固定汇率制度的凯恩斯提出了均衡汇率理论。② 之后，高潮迭起的货币战使正常的货币汇率的积极作用几

---

① 参看陈彪如，国际金融概论[M]．上海：华东师范大学出版社，1988年。

② 参看凯恩斯，货币论[M]．北京：商务印书馆，1986年。

第2章 国际货币制度安排下的汇率制度和选择理论

乎得不到任何发挥,建立稳定的世界货币体制的任务迫在眉睫。以美元为中心的布雷顿森林体制正是在这种情况下诞生的。这种新的世界货币体制在原则上同凯恩斯的均衡汇率理论基本一致,可以说是凯恩斯固定汇率制度思想的实际应用。

布雷顿森林体制采用金汇兑本位制形式,各个国家宣布以美元表示本国货币平价,美元则以 35 美元一盎司的比价与黄金保持自由兑换。这样,美元成了这个制度中的关键货币,绝大多数国家的外汇储备逐渐以美元形式保存。

布雷顿森林体系是以美元为中介的金汇兑本位制度,是信用货币时期真正的固定汇率制度。就全世界来说,既不需要区分贸易品和非贸易品,也不需要考虑贸易品和非贸易品之间的价格传递问题。

但是,在布雷顿森林货币体制下,由于汇率不能及时调整,有些国家经常性地出现外汇危机,导致了越来越多的经济学家开始抨击布雷顿森林货币体制,如弗里德曼、米德和特里芬等,他们提出应以较为自由的浮动汇率制度取代布雷顿森林货币体制。于是,围绕着支持还是反对布雷顿森林货币体制,形成了战后两个独立的派别:支持布雷顿森林货币体制的固定汇率理论和主张实行可变动汇率制度的浮动汇率理论。起初,双方论战的主题是汇率制度同国际收支、贸易流量的相互效应问题。到了 60 年代末和 70 年代初,随着资本主义世界陷入了"滞涨"的困境,以及 IS – LM 模型在开放经济下的拓展,论战的焦点开始转入了汇率制度同国内充分就业、物价稳定以及经济增长的相互关系上,财政政策和货币政策在什么样的货币体制下效应更大的问题也受到了普遍的重视,在 Mundell – Fleming – Dornbush 范式[①]下进行

---

① 蒙代尔,固定与浮动汇率下国际调整的货币动态分析 [J]. 经济学季刊 [J]. 1960 年第 5 期。

的汇率制度选择研究开始登上历史舞台。

固定汇率制度的支持者们认为,固定汇率制度能使各国经济连成一个稳定的经济体系,有利于世界经济的协调发展。最先提出这一论点的经济学家是蒙代尔,而后,万尼斯基对蒙代尔的论点作了解释。① 但这一论点遭到了浮动汇率论者的批评。哈伯勒认为②,一方面,蒙代尔这一论点的理论前提过于苛刻;另一方面,在固定汇率制度条件下,世界经济的协调是以牺牲一方利益来弥补另一方的亏损,这在实际社会中不太现实,固定汇率制度条件下世界经济的协调只是一种偶然现象,远非是一种常态。

在汇率制度对就业问题的影响方面,两位著名的经济学家拉弗和贝拉萨提出了针锋相对的观点③。拉弗认为,在浮动汇率制度下,私人部门不能改变名义货币存量;在固定汇率制度下,本国货币的价格是不变的,名义货币存量将会随着国际收支的变化而移动。由于这个区别,国内货币存量的变化,在浮动汇率制度条件下会引起经济起伏和失业率的变化,而在固定汇率制度条件下国内货币存量的变化只是引起外汇储备的变化,对实际经济因素不产生影响。针对拉弗的观点,贝拉萨指出,固定汇率制度无法解决由国外需求下降引起的本国出口减少进而导致的失业增加,而在浮动汇率制度条件下,只需货币贬值就能够刺激出口、限制进口,使国内就业和产出增加。

在汇率制度对内外均衡实现的影响方面,浮动汇率论者认为,在固定汇率制度条件下,一国政府难以执行独立的货币政策

---

① 参看陈岱孙,厉以宁. 国际金融学说史 [M]. 北京:中国金融出版社,1991年.

② 参看陈岱孙,厉以宁. 国际金融学说史 [M]. 北京:中国金融出版社,1991年.

③ 参看陈岱孙,厉以宁. 国际金融学说史 [M]. 北京:中国金融出版社,1991年.

第2章 国际货币制度安排下的汇率制度和选择理论

和财政政策,从而难以使国内经济和对外经济同时达到均衡状态。对此,蒙代尔利用"有效市场分类原则"进行了驳斥,他认为,在固定汇率制度条件下,将货币政策指派为国际收支的平衡工具,把财政政策指派为国内收支的平衡工具,则任何破坏均衡的因素就都可以被消除。

在汇率制度对国际收支调整的影响方面,浮动汇率制度论者弗里德曼认为,通过变动货币的汇率对一国的国际收支进行调整具有自发性、简单易行,且调整迅速的特点。①② 米德则清楚地把浮动汇率制度的优点归结为具有双重调整机制:(1)汇率变动改变商品的相对价格,改善贬值国家的国际收支状况;(2)国际收支盈余引起货币升值,国际收支赤字引起货币贬值,实现对国际收支的自动调节。③ 毫无例外地,浮动汇率论者的上述论点也同样遭到了固定汇率支持者的抨击,固定汇率论者认为:首先,浮动汇率制度条件的汇率如同拍卖市场一样,易变性是其固有的特征;其次,浮动汇率制度条件下,预期因素的影响将使汇率的波动加剧;再次,浮动汇率制度条件下的投机是一种不稳定性投机。

由于20世纪50年代欧洲经济的恢复并在1958年实现了货币的可兑换性,相对于黄金和其他货币来说,美元价值逐渐变得高估。正如特里芬所指出的,这种关键货币制度要求美国为其他国家提供愈来愈增加的外汇储备需求,必须持续不断地保持国际收支赤字。正因为这样做了,美国的黄金储备日渐变得不足以保

---

① 参看《米尔顿·弗里德曼文萃》(胡雪峰、武玉宁译)[M].北京:首都经贸大学出版社,2001年.
② Friedman, Milton (1953): "*The Case for Flexible Rates*, *in Essays in Positive Economics*", Chicago and London: University of Chicago Press.
③ Meade, James E. (1951). *The Balance of Payments* [M]. London: Oxford University Press.

证以 35 美元 1 盎司的比价来兑换黄金。1971 年 8 月,美元单方面与黄金脱离固定联系。

2.3 牙买加体系下的汇率制度和汇率制度选择模型

1973 年 4 月,主要工业国家的汇率开始浮动。同时,大多数发展中国家继续将他们的货币同美元或其他发达国家的货币保持固定汇率,欧洲共同体的货币则保持蛇形浮动,对内固定,对外联合浮动。

布雷顿森林体制的原意是既克服金本位制的缺点,又继承金本位制的优点,黄金退居幕后,以美元作为黄金的替身,起到一个放大镜的作用。然而,事实上远非这么简单,除非能将美元的流通数量固定下来,否则,随着美元发行量的增加,美元所代表的黄金价值必然减少,于是,特里芬悖论解释了布雷顿森林体系的崩溃。

1976 年 1 月,在牙买加,国际货币基金理事会临时委员会一致同意基金章程的第二次修正案,批准了浮动汇率制度,世界货币制度进入牙买加体系时代。

在牙买加体系下,汇率制度不再由国际货币金融组织统一规定,各个国家可以自主地对本国的汇率制度进行选择。这时,几乎所有的发达国家都选择了浮动汇率制度,而绝大多数发展中国家却选择了固定汇率制度。此时的固定汇率制度与在布雷顿森林体系下的固定汇率制度有所不同,此时的固定汇率制度是一种钉住式的汇率制度,以一种或多种货币作为钉住目标,当钉住目标的价值发生改变时,本币的价值也相应地发生了改变,或者说此时的汇率制度是一种没有协议的联合浮动汇率制度。

国际货币体系由此变得复杂而难以控制,各国央行对汇率实

第2章 国际货币制度安排下的汇率制度和选择理论

行干预制度，特别提款权作为国际储备资产和记账单位的作用大大加强，美元仍然是重要的国际储备资产，而黄金作为储备资产的作用大大削减，各国货币价值也基本上与黄金脱钩。

如果说在布雷顿森林体系下国际金融危机是偶然的、局部的，那么，在牙买加体系下，国际金融危机就成为经常的、全面的和影响深远的。1973年浮动汇率普遍实行后，西方外汇市场货币汇价的波动、金价的起伏经常发生。1978年10月，美元对其他主要西方货币汇价跌至历史最低点，引起整个西方货币金融市场的动荡，这就是著名的1977—1978年西方货币危机。其后相继发生1992年欧洲货币危机；1994年墨西哥货币危机；1997年亚洲金融危机；1999年巴西货币危机；2000年阿根廷金融危机。

在牙买加体系时期，货币危机发生的频繁程度要远大于布雷顿森林体系时期。对几次较大规模的货币危机对比以后发现，危机国家所执行的汇率制度都与固定汇率制度高度相关。欧洲在货币危机时期是一种联合浮动的汇率制度，联合浮动内部所执行的实际上是固定汇率制度，这种对内固定恰恰是危机发生的基础。1994年的墨西哥和1997年的东南亚国家实行的是实际上钉住美元的固定汇率制度。1999年的巴西实行的是对美元的爬行钉住汇率制度。2000年危机之前的阿根廷实行的是与美元挂钩的货币局制度。可以看出，危机的发生和固定汇率制度紧密相连。此时，对危机的防范能力成为判断汇率制度是否恰当的又一项重要标准。危机大多发生在发展中国家，并且和这些发展中国家非弹性的汇率制度有着千丝万缕的联系，从而，出现了专门针对发展中国家非弹性汇率制度选择的"原罪论"[①]（Hausmann, Panizza and Stein, 2000; Eichengreen and Hausmann, 1999）、"害怕浮动论"[②]（Calvo, Reinhart, 2000）和"中间汇率制度消失论"[③]（Swoboda, 1986）。

原罪论：由于发展中国家的货币不能用于国际借贷，发展中国家的企业只能从国际市场上借入美元，然后再兑换成自己所需要的货币，这种现象称为货币错配；由于发展中国家本国的金融市场不健全，发展中国家的企业很难从国际市场上得到长期贷款，从而在发展中国家会出现短期国际贷款作长期用途的现象，称之为期限错配。为货币错配和期限错配"原罪"的结果是：货币错配导致本币贬值时企业亏损增加；期限错配导致国际市场利率上升时，企业亏损增加。进而导致发展中国家的企业抵御风险能力的不足和发展中国家金融体系的脆弱，更甚者，在本国货币贬值时，国外资本会集体抽逃而酝酿成金融危机的发生。

"原罪"对汇率制度选择的影响是：发展中国家的企业和政府都不愿意汇率发生变动，钉住美元的固定汇率制度、部分美元化或全部美元化是发展中国家的最优选择。

害怕浮动论：与实行真正的浮动汇率制度的发达国家（如美国、日本、澳大利亚）相比，宣布实行浮动汇率制度的新兴市场国家的汇率波动范围要窄得多，尽管这些国家受到的外来冲

---

① Hausmann, R. , Ugo Panizza, and Ernesto Stein (2000): *"Why Do Countries Float the Way They Float?"* American Development Bank Working paper; Eichengreen, Ricardo Hausmann (1999): *"Exchange Rate and Financial Fragility."* Paper presented at Federal Reserve Bank of Kansas City's Conference on Issues in Monetary Policy Jackson Hole, Wyoming, 27 - 29 August.

② Calvo, Guillermo A. , and Carmen M, Reinhart (2000): *"Fear of Foating."* NBER Working Paper.

③ Swoboda, Alexander K. (1986): *"Credibility and Viability in International Monetary Arrangements."* Finance and Development, Vol. 23, September.

第2章 国际货币制度安排下的汇率制度和选择理论

击比发达国家要大得多,同时,这些国家的外汇储备高度浮动,这是典型的固定汇率制度的特征。名义上宣布实行浮动汇率制度而实际上却实行固定汇率制度,说明这些新兴市场国家对汇率变动存在恐惧。其恐惧的原因有很多,主要有:当本币升值时,害怕"荷兰病"("荷兰病"是指某一部门的繁荣会损害其他部门的利益)的发生;当本币贬值时,经济会出现紧缩现象,原因是经济政策长期缺少公信力,公众可能会形成汇率翻转的预期。

中间汇率制度消失论:中间汇率制度(包括可调整的钉住、爬行钉住、管理浮动、汇率目标区等汇率制度)是作为固定汇率制和浮动汇率制的折中而出现的。中间汇率制度的设计者试图综合汇率固定和汇率浮动的优点,但在资本与金融账户开放后,中间汇率制度却恰恰集中了固定汇率制度和浮动汇率制度的缺陷,投机性冲击将导致中间汇率制度的消亡。

截至目前,M-F-D范式下的汇率制度选择理论仍然占据着主导性地位,运用三元悖论来分析汇率制度选择的热潮风行一时。蒙代尔—弗莱明模型在假定价格刚性、资本自由流动、国内外金融资产可以相互替代和静态预期的条件下,研究小国开放经济不同汇率制度(固定汇率制度和浮动汇率制度)条件下短期内的财政政策和货币政策的有效性。

在固定汇率制度条件下:扩张性(紧缩性)的货币政策导致利率下降(升高),引起资本流出(流入),外汇储备减少(增加),这个过程一直持续到利率回到原来水平。货币政策所能引起的仅仅是外汇储备的增减,而不会对实际经济产生效果,如图2.1所示;扩张性(紧缩性)的财政政策导致利率上升(下降),资本流入(流出),外汇储备增加(减少),货币供应量被动扩张(收缩),从而会比在封闭条件下的财政政策更有效力,如图2.2所示。

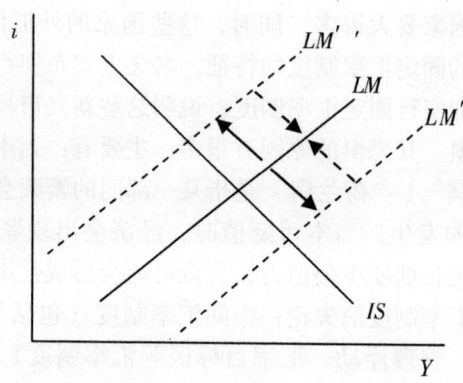

图 2.1 固定汇率制度条件下的货币政策

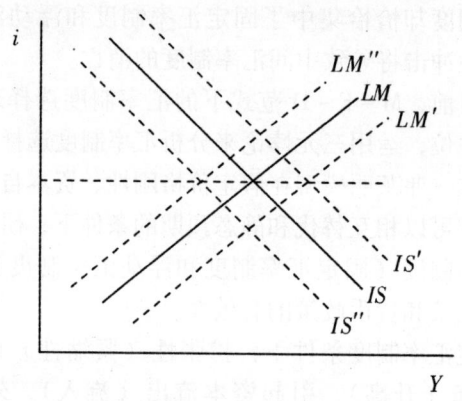

图 2.2 固定汇率制度条件下的财政政策

在浮动汇率制度条件下：扩张性（紧缩性）的货币政策导致利率下降（升高），引起资本流出（流入），本币贬值（升值），对外出口增加（减少），进口减少（增加），货币政策比在封闭条件下更有效力，如图 2.3 所示；扩张性（紧缩性）的财政政策导致利率上升（下降），资本流入（流出），本币升值

(贬值),对外出口减少(增加),进口增加(减少),财政政策最终变得无效,如图 2.4 所示。

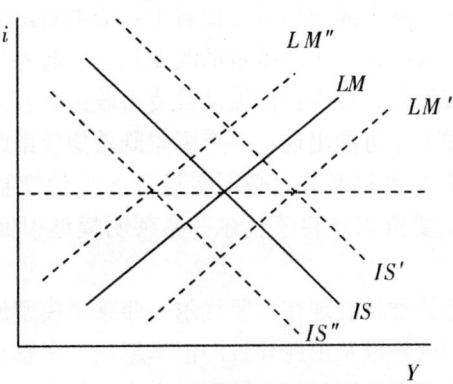

图 2.3 浮动汇率制度条件下的货币政策

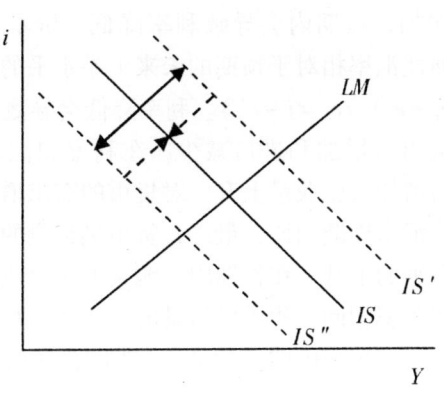

图 2.4 浮动汇率制度条件下的财政政策

克鲁格曼的"三元悖论"[①] 是蒙代尔—弗莱明模型的一个实际应用,认为独立的货币政策、资本自由流动和固定汇率制度不可能同时出现。从上述分析也可以看出:资本自由流动和固定汇率制度同时出现时,货币供给量的改变只会引起外汇储备量的增减,货币政策无效;资本自由流动且货币政策有效只能是在浮动汇率制度条件下才可能出现;一个国家既希望货币政策有效,又希望执行固定汇率制度,就必须实行资本流动管制。"三元悖论"的一个主要贡献是将蒙代尔—弗莱明模型引回到了汇率制度选择上来。

多恩布什的贡献表现在对蒙代尔—弗莱明模型价格刚性和静态预期假设的放松以及由此导致的汇率超调。多恩布什认为:利率和汇率的改变在较短时间内就可以完成,而价格的改变需要较长时间。短期内价格刚性,购买力平价不成立,但在长期内价格发生改变,购买力平价成立。在浮动汇率制度条件下,一次性的货币供给量增加,短期内会导致利率降低,资本流出,本币贬值,本币的即期汇率相对于预期的未来汇率水平的变动幅度符合利率平价($(e_t - e_0)/e_0 = i - i^*$)。利率降低会导致投资增加,本币贬值会导致出口增加和进口减少,在利率和汇率的共同作用下,本国产出增加,就业量上升,对货币的需求增加,利率水平会缓慢上升,汇率逐渐回调,最终,货币供给量的一次增加全部体现在价格水平的上升。在长期内,购买力平价成立,本币贬值幅度与通货膨胀率相同。货币供给量的一次性增加在利率平价的作用下导致汇率在短期内的"超调",然后,在购买力平价的作用下汇率又回归至合理位置。

尽管在 M - F - D 范式和"三元悖论"下的汇率制度选择被

---

① 参看姜波克,杨长江. 国际金融学 [M]. 北京:高等教育出版社,1999 年.

第2章 国际货币制度安排下的汇率制度和选择理论

大多数人所认可,但这一范式缺少微观基础,难以进行福利分析的弱点已经逐渐显现。90年代中期,Obstfeld和Rogoff①(1996)开始从价格粘性和市场垄断竞争的角度开创了NOEM范式下的汇率制度选择研究。

刘晓辉、范从来②对NOEM范式下的汇率制度选择作了详细论述,NOEM范式主要利用效用函数中的货币分析方法,将实际货币余额引入代表性经济人的效用函数中,将财政政策和货币政策有机地联系到一起,认为国际市场并不是完全竞争,而是垄断竞争。确定性条件下的基准模型为:

$$\text{Max} U_t = \text{Max}\{\sum_{s=t}^{N}\beta^{s-t}\{[\sigma/(1-\sigma)]C_s^{\sigma/(1-\sigma)} + [\chi/(1-\varepsilon)](M_s/P_s)^{1-\varepsilon} - (k/\mu)\gamma_s(z)^{\mu}\}\} \quad (2.1)$$

$$\text{s.t.} \quad P_t C_t + M_t + P_t T_t + P_t T_t + P_t B_t = p_t(z) + R_{t-1} P_t T_{t-1} + M_{t-1}$$

其中,β表示主观折现因子;C表示复合消费;M和B分别表示名义货币存量和实物债券存量;$\gamma(z)$表示垄断厂商的产出;P是价格水平;T是税收;R_{t-1}表示毛利率。

代表性经济人在跨期预算约束下最大化其一生效用的现值。解这个约束条件下的动态最优化问题就能得到消费的欧拉条件、最优实际货币余额条件和最优的内生产出。这些一阶条件和预算约束及模型的其他设定就构成了描述一国开放经济运行的非线性系统,这些条件由代表性经济人最优化行为导出。在非线性约束下求解并比较不同类型的经济冲击和价格确定方式下不同汇率制度的福利大小,就可以得出合意的汇率制度安排。

---

① Obstfeld, M. and Rogoff, K. *Foundations of International Macroeconomics* [M]. MA, MIT Press, 1996.

② 刘晓辉,范从来. 汇率制度选择及其标准的演变 [J]. 世界经济,2007年第3期.

我国学者沈国兵①将汇率制度选择理论进行综合后分成了12类：(1) 从成本—收益角度来研究汇率制度的选择，以金德尔伯格、弗里德曼和爱德华兹为代表；(2) 从经济结构特征角度来研究汇率制度的选择，以蒙代尔的"最优货币区理论"，麦金农和肖的"金融抑制论"、"金融深化论"，布莱克的"贸易加权有效汇率"和赫勒的"经济论"②为代表；(3) 从经济冲击干扰源角度来研究汇率制度的选择，以 Yoshitomi、Shirai 和美国经济学家格雷厄姆·伯德为代表；(4) 从政策配合角度来研究汇率制度的选择，以蒙代尔—弗莱明模型，克鲁格曼的"三元悖论"，易纲、汤弦的扩展三角假说和 Frankek 的"半独立、半稳定"组合为代表；(5) 从应对投机压力和汇率失调双重角度来研究汇率制度的选择，以威廉姆森提出的"爬行钉住"和"汇率目标区理论"为代表；(6) 从同一货币角度试图消除汇率制度的选择，以凯恩斯所提出的世界货币"班考"、特里芬提出的"特里芬两难"以及国际货币基金组织创立的"特别提款权"为代表；(7) 从价格确定角度来研究汇率制度的选择，以 Devereux 和 Engel 为主要代表；(8) 从噪声交易角度来研究汇率制度的选择，以 Jeanne 和 Rose 为代表；(9) 从经济基本面特别是金融脆弱性角度来研究货币危机与汇率制度的选择，以 Bordo、Schwartz、Mishkin、Calvo 和 Reinhart 等为主要代表；(10) 从资本流动和金融恐慌角度来研究货币危机与汇率制度的选择，以 Roubini、Wachtel、Radelet 和 Sachs 等为主要代表；(11) 从政府声誉和公众预期角度来研究货币危机与汇率制度的选择，以 Agénor、Masson、Frankel et al. 为主要代表；(12) 从博弈论角

---

① 沈国兵. 汇率制度的选择：理论综述及一个假说 [J]. 世界经济文汇，2002年第3期，第63~80页。

② "经济论"认为，一国汇率制度的选择主要取决于经济结构特征因素，如经济规模、经济开放程度、进出口贸易的商品结构与地域分布。

第 2 章 国际货币制度安排下的汇率制度和选择理论

度来研究汇率制度的选择,以 Ogawa、Ito 构建的相互贸易理论模型和 Kohler 得出的结论:货币政策合作的帕累托效率会优于非合作博弈的结果。

在牙买加体系下,汇率制度选择理论在原有范式的基础上有所突破,开始从发展中国家的角度和微观角度来研究汇率制度的选择。

亚洲金融危机以后,对于汇率制度的讨论有了进一步深入,什么样的汇率制度能够预防金融危机成了一个热门话题。

第3章 现有汇率制度选择理论应用于发展中国家的局限性

从前述分析可以看出，汇率制度先后经历了金属货币本位条件下必然的固定汇率制度时期、金汇兑条件下内生固定汇率时期、金属货币向信用货币过渡条件下内生的固定汇率制度和以铸币平价为基础的原始浮动汇率时期、以竞争性贬值扩大国外需求的单向浮动汇率制度时期、布雷顿森林体系下的固定汇率制度时期和牙买加体系下自由选择的汇率制度时期。

确切地说，关于汇率制度的大争论是从布雷顿森林体系后期开始的。那时候，存在一种汇率制度要推翻另一种汇率制度的现实，也就是说固定汇率制度占统治地位，但固定汇率制度的缺陷已经暴露，浮动汇率制度要取而代之，从而浮动汇率制度的拥护者对固定汇率制度发起攻击，固定汇率制度的拥护者处于防守地位。这样的态势决定了他们争论的焦点是什么样的汇率制度对经济增长、物价稳定、充分就业、国际收支平衡，以及财政政策和货币政策的发挥更为有利，这一点从 Mundell - Fleming - Dornbush 范式下进行的汇率制度选择研究可见一斑，汇率制度的界定限于布雷顿森林体系下简单的固定汇率制度和一种尚未成为现实的浮动汇率制度。同时，由于争论主要在发达的资本主义国家之间展开，所以，这一争论的焦点内容并没有过多地涉及发展中国家。

进入牙买加体系以后，汇率制度无论从形式上还是内涵上都发生了改变，一部分争论的方法和思路仍然沿用了布雷顿森林体

第3章 现有汇率制度选择理论应用于发展中国家的局限性

系下的模式,如克鲁格曼的"三元悖论",另一部分争论的方法和思路已经开始寻找新的理论支撑,如"原罪论"、"害怕浮动论"、"中间汇率制度消失论"和NOEM范式下的汇率制度选择理论。然而,无论在何种范式下进行的汇率制度选择分析,都产生并发展于发达国家,应用于发展中国家,其适用性可能会受到挑战。

3.1 宏观分析的局限性

从前述分析可以看出,布雷顿森林体系下的汇率制度争论、M-F-D范式下的汇率制度选择理论和"三元悖论"是在宏观层面上进行的外生性分析,把固定汇率制度和浮动汇率制度假定成为给定的外生条件,然后分析在什么样的汇率制度下会产生什么样的宏观经济结果,这些宏观经济结果主要表现在物价稳定、充分就业、国际收支平衡、货币政策的有效性和财政政策的有效性上,之后,再折回头考虑什么样的汇率制度是最优选择。

关于固定汇率和浮动汇率的争论大多是在发达国家的经济学家之间进行的讨论,潜意识中,他们以发达资本主义国家为蓝本,"各国学者的研究都不免染上本国主流学派的观点,他们大多数从本国的角度(本国利益的最大化)来看世界经济中存在的问题"。① 发达国家的经济学家更多地考虑了汇率制度选择的宏观性,忽视了发展中国家与发达国家之间的微观主体差异,潜意识中认为不同国家的微观主体在汇率制度选择框架范围内的行为是相似的。尽管在NOEM范式下的汇率制度选择理论已经开始从微观和福利最大化的角度来考虑汇率制度选择,但仍然没有

---

① 丁剑平.关于现行的人民币汇率机制的可持续性研究[J].国际金融研究,2003年第5期.

区分发展中国家与发达国家之间的行为主体差异。

3.2 外生分析的局限性

在牙买加体系下,各个国家有了选择汇率制度的自主权力。那么,在汇率制度选择时,不但要考虑选择什么样的汇率制度会出现什么样的后果,还应当考虑在什么样的条件下应当选择什么样的汇率制度,汇率制度不再是假设的外生变量,而是影响经济平衡的内生制度。也许在发达国家之间,由于经济结构的相似性,汇率制度选择的内生性和外生性并没有多大的区别,但对于发展中国家来说,存在与发达国家之间巨大的经济结构差异,忽略了汇率制度选择的内生性就无异于忽略了与发达国家经济发展程度不同的最大现实。

沈国兵经过研究后认为:"从长期来看,汇率制度是内生制度安排,但中短期汇率制度表现为外生制度安排。这样,汇率制度的选择理论应是一个动态的转换过程,具有历史阶段性,要分短期、中期和长期来分别研究汇率制度的选择问题。在长期研究得出的结论对于短期和中期不一定适用;反之,也是如此。"[①] 然而,汇率制度本身就是一个长期概念,汇率制度的短期安排只能在长期的框架下发挥效力,如果说"从长期来看,汇率制度是内生制度安排",又怎么能够说"中短期汇率制度表现为外生制度安排"呢?

---

① 沈国兵. 汇率制度的选择:理论综述及一个假说 [J]. 世界经济文汇, 2002 年第 3 期, 63—80 页.

第3章 现有汇率制度选择理论应用于发展中国家的局限性

3.3 "短期"分析的局限性

在对比后可以发现，前述汇率制度选择理论（除"原罪论"以外）的影响因素都是放在较短的时期内进行考察的。纵观汇率制度的发展历程，除去早期的金属本位时期，在理论的争论上有时候固定汇率制度的拥护者占主导地位，有时候浮动汇率制度的拥护者占主导地位。在现实的汇率制度选择上，固定汇率制度和浮动汇率制度又呈现交替演进的过程。"战后初期固定汇率制度获得偏爱，但在20世纪60年代，越来越多的经济学家转而赞成浮动汇率制。随后国际货币制度在70年代进入普遍浮动。但在80年代，学术研究的钟摆，随着名义锚理论的兴起，又摆回到较多地关注固定汇率制。"[1]

在开放经济条件下，合意的汇率制度选择本身是一个长期概念，对于这个"长期"应该有多长，关于汇率制度的争论并没有对这个期限进行过解释，也没有涉及这个"长期"的确定应该以什么为依据。Blanchard[2]（2006）认为，宏观经济学中的短期是指一年或者一年以内，中期是指五年或者五年以上，长期是指半个世纪或者更长。汇率制度争论所指向的宏观经济目标（包括物价稳定、充分就业和国际收支平衡）所隐含的期限足够长吗？是否长到足够对汇率制度的选择进行分析？种种疑问接踵而至。

汇率制度选择的"期限"问题，如同汇率制度选择的"内生性"问题一样，也许在发展程度相似的发达国家内部和布雷

---

[1] 张志超. 汇率制度理论的新发展：文献综述 [J]. 世界经济，2002年第1期.

[2] *Olivier Blanchard. Macroeconomics* [M]. Published by Prentice Hall. 2006.

顿森林体系时期，并不能称之为一个影响汇率制度选择的因素，但在牙买加体系时期，各国有了选择汇率制度的自主权力，并且发展中国家与发达国家之间的经济差距少则几十年，多则上百年。发达国家的经济学家们无意识地把经济发展程度的差异性忽略了，而把经济发展程度的相似性当成了不需说明的前提。但对于发展中国家来说，这些忽略的前提恰恰是致命的，忽略了这些前提，在进行汇率制度选择时，就忽略了又一个重要因素。

3.4 忽略各国经济发展程度不同而引致的局限性

1997年亚洲金融危机以后，受危机影响较深的许多亚洲发展中国家仍然选择了钉住式的固定汇率制度，"原罪论"和"害怕浮动论"正是在这种情况下产生的，这两个理论都试图解释为什么发展中国家对固定汇率制度情有独钟。"原罪论"将之归结为由于发展中国家货币在国际市场上的不可流通进而导致的发展中国家对"货币错配"和"期限错配"的"原罪"；"害怕浮动论"将之归结为发展中国家政府在本币升值时对"荷兰病"的恐惧和在本币贬值时本国政府公信力的缺失。

显然，"原罪论"、"害怕浮动论"和"中间汇率制度消失论"已经开始寻找发展中国家汇率制度选择的内生原因。"原罪论"和"中间汇率制度消失论"注意到了发展中国家金融市场的不健全，属于宏观分析范畴。三种理论从金融市场的不健全和发展中国家政府缺少公信力的角度对发展中国家之所以选择固定汇率制度进行阐释，仍然是站在发达国家的视角对发展中国家进行的研究和判断，没有注意到发展中国家实体经济结构与发达国家之间的巨大差异，难以体会发展中国家政府在汇率制度选择上的苦衷。

第3章 现有汇率制度选择理论应用于发展中国家的局限性

汇率制度选择问题本身是一项经济政策，一国经济政策的制定除了受制于本身的经济体制、政治体制以及文化基础等静态变量的规定以外，还受制于本身经济发展程度以及在整个世界中的经济地位等动态变量。然而，在汇率制度选择过程中，无论是在M-F-D范式下，还是在NOEM范式下，始终没有把经济发展程度差异直观地纳入解释变量之中。①

经济发展程度差异首先是汇率制度选择的解释变量，其次才可以作为汇率制度选择的目标指向。现有汇率制度选择理论把经济增长作为汇率制度选择的目标指向，是对静态事实的解释，看似有理，其实在解释变量和被解释变量错位以后，可能造成各国政府特别是发展中国家政府在汇率制度选择上的混乱。1997年以后的亚洲金融危机国家名义上实行浮动汇率制度，但实际上又回到了钉住美元的固定汇率制度，不能不说是汇率制度选择指导理论的缺失。

3.5 产业结构——解决汇率制度选择理论局限性的一个新视角

综合以上分析可见，应用于发展中国家，现有的汇率制度选择理论的局限性主要表现在：（1）汇率制度选择宏观分析欠妥；（2）对汇率制度选择内生性的忽略；（3）对汇率制度选择"长期性"的忽略；（4）对发展中国家与发达国家经济发展程度不同的忽略。

正是由于发展中国家与发达国家发展程度的不同，导致了发展中国家与发达国家之间在实体经济结构上的巨大差异。在牙买

---

① Willianson（1983）提出的基本均衡汇率（FEER）理论把实际产出纳入汇率决定当中，但没有涉及汇率制度选择。

加体系下，实体经济结构的巨大差异可能正是影响汇率制度选择内生性的最重要因素。根据内生增长理论，导致国别之间实体经济结构差异的主要原因，是由于各国之间技术进步的差异，而技术进步又是一个长期问题，从这个角度来说，如果能够从国别之间发展程度不同来讨论汇率制度选择，则可以对汇率制度选择的"长期性"进行解释。同时，技术进步孕育于各国的行业部门和企业部门之中，进而，如果能够以技术进步为出发点对汇率制度选择进行解释又可以弥补现有汇率制度选择理论"微观分析"和"中观分析"的缺失。

经济发展程度和经济增长是两个不同的概念。经济增长是一个流量概念，以人均 GDP 的变化率来衡量；经济发展程度是一个存量概念，与经济发展水平是同一个概念，是经济增长的结果。人均 GDP 增长速度快，则经济增长较快，但人均 GDP 较高并不能说明经济发展程度较高或者说经济发展水平较高。一些产业结构单一、以资源密集型为主的小国和地区的人均 GDP 较高，可能是源于起点较高，而不是经济增长的结果。所以，在汇率制度选择模型中，如果运用人均 GDP 作为经济发展程度的替代变量，则从内在机理上不容易解释汇率制度的选择问题。刘伟[①]（1995）认为："经济发展的历史表明，经济发展水平越高，产业结构高度也越高，或者说，经济发展水平之所以高，重要的是由于产业结构高度高，产业结构高度从结构上规定并体现着经济发展水平。"同时，"比之于微观经济单位，如企业、家庭而言，产业结构研究不是一个微观经济范畴；比之于宏观经济总量而言，如总供给、总需求而言，产业结构研究不是一个宏观经济范畴。产业是介于宏观和微观分析之间的一个'集合'概念。因

---

① 刘伟. 工业化进程中的产业结构研究 [M]. 北京：中国人民大学出版社，1995 年：6—29 页.

第3章 现有汇率制度选择理论应用于发展中国家的局限性

此,与微观经济分析相比,产业结构分析更具集合性和概括性;与宏观经济分析相比,产业结构分析更具结构性和过程性"。"产业结构研究方法上的突出特点在于它是长期分析,它要考察经济发展过程中产业结构演变的特点和规律,考察产业结构的变化与经济发展的内在逻辑关系。这种研究内容和任务规定其方法的长期分析性质。"

可见,如果把产业结构作为经济发展程度的替代变量对汇率制度选择进行分析,既可以体现国别之间实体经济结构上的差异,又可以将技术进步包含其中,还可以很好地解决汇率制度选择的内生性问题,同时可以消除宏观分析的局限性,从较长时期内考察一国的汇率制度选择。

产业结构高度与汇率制度之间存在什么样的联系,迄今为止尚没有确切的论述。黄海洲[①](2005)强调了经济发展水平在汇率制度选择中的重要性。丁剑平、曾琴芳[②](2007)认为"汇率形成机制的演变要适应一国经济的发展,尤其是要符合一国的产业结构"。但却没有详细地阐释汇率机制的演变如何去适应一国的产业结构,也没有对二者之间关联的内在机制进行解释。这表明发展中国家的学者已经认识到本国所选择的汇率制度应当与产业结构发展相适应,但如何适应以及两者之间的关系却没有形成统一的看法,甚至没有进行深入分析。

毋庸置疑,发展中国家与发达国家在产业结构上存在巨大差异,这种差异的造成有历史的原因,同时,这种差异也是未来发展的出发点。如果说各国的汇率制度选择的根本目的是促进经济增长,那么汇率制度的选择又影响了产业结构提高的时间进程,

---

① 黄海洲. 汇率制度与经济增长:来自亚洲发展中国家和欧洲发达国家的经验研究 [J]. 经济学(季刊), 2005年7月, 第四卷第4期.

② 丁剑平,曾琴芳. 我国汇率制度演进趋势分析 [J]. 东南学术, 2007年, 第1期.

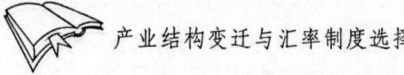

产业结构既是汇率制度选择的原因,又是汇率制度选择的目标指向,二者之间存在相辅相成的关系。

从现实社会来看,发达市场经济国家的产业结构高度较高,倾向于选择浮动汇率制度;发展中国家的产业结构较低,倾向于选择较为固定的汇率制度。那么,汇率制度是否与产业结构之间存在真实的相关性呢?

本书试图从产业结构变迁的角度来考察汇率制度的选择。

第4章 产业结构高度和汇率制度选择的实证分析

上述分析说明,现有汇率制度选择的理论的局限性主要表现在对各国经济发展水平的忽略,而各国经济发展水平的不同主要表现在产业结构的不同上。"产业结构的发展和演变是任何一个国家经济发展过程中必然发生的经济现象。现代经济发展的历程显示,一个国家经济发展演变的过程也是一个国家经济发展的过程。"(芮明杰,1995)[①] 由于目前尚没有有关产业结构变迁与汇率制度选择方面较完整的理论体系可资借鉴,我们首先还是从经验分析入手,来探讨产业结构高度化与汇率制度选择之间的关系。

4.1 对产业结构高度的历史解释

4.1.1 三次产业分类和配第一克拉克定理

费歇尔在1935年所著的《安全与进步的冲突》一书中系统地提出了三次产业分类方法及其分类依据。费歇尔根据人类经济活动的发展阶段,将所有的产业归为三类:(1)人类活动第一阶段的主要经济活动指向称为第一产业,主要有农业和畜牧业;

---

① 芮明杰. 产业经济学 [M]. 上海:上海财经大学出版社,2005年:190页.

（2）人类活动第二阶段的主要经济活动指向称为第二产业，主要有纺织、钢铁和机器制造业等；（3）人类活动第三阶段的主要经济活动指向称为第三产业，主要包括商业、旅游、运输贸易、娱乐、文化艺术、教育、科研、保健和政府活动等。

三次产业分类法是西方产业结构理论中最重要的分类方法之一。英国经济学家、统计学家克拉克在继承了费歇尔研究成果的基础上，提出了著名的配第—克拉克定理。配第—克拉克定理以三次产业分类为基本分析框架，以若干国家在时间的推移中人均国民收入的变化为依据①，考察劳动力在各产业中的分布状况随经济发展所发生的变化。

克拉克在整理了若干国家的统计资料后，得出如下结论：

1. 随着经济发展和人均国民收入水平的提高，劳动力首先由第一产业向第二产业移动，当人均国民收入水平进一步提高时，劳动力又会向第三产业移动。

2. 劳动力在第一产业中的就业数量逐步减少，在第二、三产业中的就业数量逐步增加。

3. 劳动力在产业间的转移，是由各产业附加值的相对差异所造成，即人们总是向工资率较高的产业移动。

4. 人均国民收入水平越高的国家，农业劳动力在全部劳动力中所占的比重就越小，第二、三产业劳动力在全部劳动力中所占的比重越大；人均国民收入水平越低的国家，农业劳动力在全部劳动力所占的比重越大，第二、三产业劳动力在全部劳动力中所占的比重越小。

克拉克认为，导致劳动力产业间差异的深层次原因主要是：

1. 第一产业主要是为人们提供生活必需品。随着收入水平

---

① 这种时间序列意味着一个国家的人均国民收入一般是要变化的，故应把不断提高的人均国民收入与时间序列相对应。

第4章 产业结构高度和汇率制度选择的实证分析

的提高,恩格尔系数逐渐减小,第一产业的需求收入弹性趋于降低。这种消费结构的变化,导致国民收入在三次产业间的分配发生变化——第一产业的国民收入份额逐渐减少,第一产业所能够容纳的劳动力相应减少。

2. 第二产业的投资一般会产生"报酬递增"效应;第一产业则由于其生产周期长等本身的生产特点,技术进步相对缓慢,投资出现"报酬递减"效应。

3. 由于第二产业技术进步比第一产业的技术进步迅速,随着投资的增加,劳动生产率提高,使其在国民收入的相对比例中处于有利地位,第一产业在国民收入中处于劣势地位。

4. 虽然整个社会的绝对劳动生产率在不断提高,但第一产业具有低收入弹性的特点,必然释放出大量的劳动力转入二、三次产业,从而使第一产业劳动力比重降低。

5. 随着投资增加、技术进步、生产扩张和新产品的大量涌现,人们的生活方式发生了很大改变,在消费支出中用于耐用消费品的支出比重不断上升。由于需求高增长的产业较易维持较高的价格,从而获得较高的附加价值,导致该部分产业收入弹性增大。因此,无论是消费结构还是投资结构在国民收入的支出结构的演变中都支持着第二产业的高收入弹性,使第二产业所实现的国民收入在全部国民收入中的比重上升。

6. 第三产业主要包括服务业和信息产业。随着人们收入水平的提高,个人收入中用于支付生活必需品的比例减少,用于多元化服务消费的非物质化的支出不断增加,这导致了第三产业需要大量劳动力去满足这种消费结构的变化趋势。

7. 随着信息产业在国民经济中地位的提升,需要大量智能型劳动力去满足产业的迅速扩张。同时,信息产业是一个获得高附加价值的产业,产业的收入弹性相对于其他产业占有优势地位。因此导致了第三产业国民收入的比重不断趋于有利地位,并吸引着更多的劳动力向第三产业转移。

4.1.2 库兹涅茨提出的产业结构演变规律

美国著名经济学家、"GDP"之父库兹涅茨在克拉克研究的基础上，结合国民收入，对产业结构演进作了进一步探讨，把产业结构演变规律深入到研究三次产业所实现的国民收入的比例及其变化上来。①

库兹涅茨把三次产业分别称为"农业部门"、"工业部门"和"服务业部门"，他从国民收入和劳动力在产业间的分布两个方面，收集和整理了 20 多个国家的数据，对伴随经济发展的产业结构变化作了时间序列分析，并应用比较劳动生产率的概念，通过对 40 多个发展程度不同的国家进行横断面的比较研究，得出了一系列的结论。

所谓比较劳动生产率又称为相对国民收入，它表示某产业的国民收入的相对比重与该产业的劳动力的相对比重的比值，用公式表示为：

$$某产业的比较劳动生产率 = \frac{该产业的国民收入的相对比重}{该产业的劳动力的相对比重} \quad (4.1)$$

通过时间序列和横断面的分析，库兹涅茨从中发现的问题和得出的结论是：

1. 农业部门创造的国民收入占全部国民收入的比重（国民收入的相对比重）与农业劳动力占全部劳动力的比重（劳动力的相对比重）一样，处于不断下降过程，并且比较劳动生产率低于 1，这一下降趋势表明：在劳动力相对比重和国民收入相对

---

① Kuznets, Simon. *National Income and Industrial Structure*, Econometrica, 1949, 17, 205—241.

第4章 产业结构高度和汇率制度选择的实证分析

比重下降的情况下，国民收入相对比重下降超过劳动力相对比重下降的程度。由此看来，在大多数国家农业劳动力减少的趋势仍然存在。农业劳动力相对比重降低，反映出农业实现国民收入相对比重的降低，这是任何国家在经济发展的一定阶段上普遍存在的现象。

2. 工业部门国民收入的相对比重总体趋势是上升的，但工业部门劳动力的相对比重，大体不变或略有上升。这一结论表明，相对国民收入（比较劳动生产率）是上升的，特别是进入20世纪以后，工业先行国家劳动力相对比重一直保持着大体不变。它反映了工业化达到一定水平后，第二产业不可能大量吸收劳动力。同时，相对国民收入，唯独第二产业是上升的，它表明在一个国家的经济发展中，在国民收入特别是人均国民收入的增长上，第二产业具有突出贡献。

3. 服务部门的劳动力相对比重，几乎所有国家都呈上升趋势。但国民收入的相对比重在有些国家中出现了不与劳动力相对比重同步上升的现象。综合起来看，大体不变或略有上升。这一结论表明，第三产业具有很强的吸纳劳动力的特征。但根据各国经济发展水平的不同，劳动生产率提高的水平各不相同。一般说，在工业先行国家中，第三产业是三次产业中规模最大的一个，无论劳动力的相对比重还是国民收入的相对比重，都超过一半以上。

到了工业化后期，以金融、保险、医疗和教育为主导的第三产业迅猛发展，产业结构迅速软化，国内生产总值三次产业比重随之演化为三、二、一格局。

可见，三次产业结构的历史演化顺序为：由一、二、三演化为二、三、一，再由二、三、一演化为三、二、一。产业结构一般的历史演化顺序是第一产业占比逐渐下降和第三产业占比逐渐上升的过程。

4.1.3 产业结构高度替代变量的寻找

经济增长并不是脱离产业结构而单独发生的经济过程，恰恰是产业结构不断变化而使其功能不断提高的结果。"所谓产业结构高度，是指一国产业结构在根据经济发展的历史和逻辑序列顺向演进过程中所达到的阶段和层次。这种历史和逻辑序列至少包括三方面内容：(1) 在整个产业结构中，由第一产业占优势比重逐渐向第二、三产业占优势比重演进的历史水平；(2) 产业结构中由劳动密集型，特别是初级劳动密集型产业占优势比重逐渐向资本（资金）密集型、技术（知识）密集型产业占优势比重演进的历史水平；(3) 产业结构中制造初级产品的产业占优势比重逐渐向制造中间产品、最终产品产业占优势比重演进的历史水平。"（刘伟，1995）①

在产业结构高度所包括的三个方面中，"由劳动密集型，特别是初级劳动密集型产业占优势比重逐渐向资本（资金）密集型、技术（知识）密集型产业占优势比重演进"和"制造初级产品的产业占优势比重逐渐向制造中间产品、最终产品产业占优势比重演进"更趋于定性分析，难以量化，从而也就难以作为衡量产业结构高度的最优指标。众所周知，在产业结构中演化的过程中，普遍的现象是：经济发展水平越高则第三产业占比越高；反之，经济发展水平越低，第三产业的占比也就越低。那么，产业结构高度的衡量可以用第三产业占比来表示，第三产业所占比重越大表示产业结构高度越高，第三产业占比越小表示产业结构高度越低。

值得注意的是：一些以旅游业和港口为主导产业的国家和地

---

① 刘伟. 工业化进程中的产业结构研究 [M]. 北京：中国人民大学出版社，1995年：第7页.

第4章 产业结构高度和汇率制度选择的实证分析

区,特别是一些以旅游业为主的城市,第三产业占比非常高,但是我们并不能认为他们的产业结构就很高,他们的产业结构高度实际上是一种虚高度。只有经过第一产业和第二产业的充分发展以后的第三产业的升高才认为是产业结构的实高度。

那么,在进行产业结构变迁与汇率制度选择分析时,可以运用第三产业占比来代表产业结构的高度,作为汇率制度选择的解释变量,但应当注意产业结构的实高度和虚高度之分。

4.2 汇率制度分类概述

目前,汇率制度分类理论研究仍然是国际经济学中的一个热门研究领域。现行汇率制度分类主要在两个方向上进行[①](陈三毛,2007):(1)名义分类法;(2)实际分类法。

4.2.1 名义分类法

第二次世界大战以后,国际货币基金组织有关汇率制度分类的标准和方法一直为成员国所沿用和遵守,所以,IMF的分类方法事实上已成为法定方法。法定分类方法对汇率制度的分类是以一国政府对其汇率制度的公开承诺为依据,所以法定分类法是一种名义分类方法。

1999年,IMF对其汇率制度的名义分类方法进行了修改和调整。一方面,IMF在原有的基础上更加细分了汇率制度的种类;另一方面,IMF不再仅注重各国政府宣布的汇率政策,更加注意考评各国真实的政策意图,同时对双边名义汇率和外汇储备情况进行评估。

---

① 陈三毛. 汇率制度分类理论评述 [J]. 世界经济,2007年第1期,89—96.

国际货币基金组织（IMF）在它的《事实上的汇率安排和政策支点》和《国际金融统计》（IFS）中，根据成员国报告的汇率制度对汇率制度进行了分类。这一分类体系"以基金组织工作人员确定的成员国事实上的安排为基础，可能不同于成员国官方宣布的安排。这种分类方法根据汇率安排的灵活程度以及是否存在对某些汇率路径的正式或非正式承诺，对汇率安排进行分类。除没有单独法定货币的安排外，该体系还对不同形式的汇率制度进行了区分，以帮助评估汇率安排的选择对货币政策的独立程度的影响。该体系以各种可供选择的货币政策框架为背景介绍成员国的汇率制度，目的是利用两套标准来提高分类方法的透明度，并说明在类似的货币政策框架下可以有不同的汇率制度"①。表 4.1 是对各类汇率制度的说明。

表 4.1　国际货币基金组织的汇率制度分类

没有单独法定货币的汇率安排	另一国的货币作为唯一的法定货币流通（正式的美元化），或者，成员国属于某个货币联盟，联盟的各个成员国共用同一种法定货币。采用这类制度意味着货币当局完全放弃对国内货币政策的控制。
货币局安排	是一种基于明确的法律承诺的货币制度，即保证本币可以按固定汇率兑换成特定的外币，同时对发行当局实行限制，确保履行其法律义务。这意味着发行本币必须以外汇作为保障，并完全以国外资产作为后盾，中央银行的传统职能（如货币控制和最后贷款人）不复存在，几乎不存在执行相机抉择的余地。根据货币局制度安排的银行规定的严格程度，这种安排仍可能有一定的灵活度。

---

① 国际货币基金组织 2006 年年报。

第4章 产业结构高度和汇率制度选择的实证分析

续 表

其他传统的固定安排	一国货币（正式或事实上）按固定汇率钉住另一货币或一篮子货币，一篮子货币由主要贸易或金融伙伴的货币组成，权重反映贸易、服务或资本流动的地理分布。货币组合也可以标准化，如特别提款权的情况。没有不可更改地维持平价的承诺。汇率至少在3个月内可以围绕中心汇率在不到±1%的狭窄范围内波动（或者，汇率的最大和最小值可以保持在2%的狭窄幅度内）。货币当局通过直接干预（即通过在外汇市场上买卖外汇）或间接干预（例如，通过运用利率政策、实行外汇管制或运用道义说服限制外汇活动，或者通过其他公共机构干预）维持窄幅波动。货币政策的灵活度虽然有限，但却高于没有单独法定货币的汇率安排和货币局的情况，因为中央银行的传统职能仍然可以行使，而且，货币当局虽然并不经常调整汇率水平，但却可以进行调整。
水平波幅内的钉住汇率	货币汇率维持在固定中心汇率附近大于±1%的一定波幅之内（或者，汇率的最大值和最小值之间的差幅超过2%）。像传统的固定钉住汇率一样，它可以钉住单一货币、复合货币或合作安排（如汇率机制第二阶段）。取决于波动幅度的宽窄，货币政策在一定限度内有一些自主性。
爬行钉住	货币定期按固定幅度作小幅调整，或者，根据一些量化指标（与主要贸易伙伴过去的通货膨胀差异或者目标通货膨胀与主要贸易伙伴预期通货膨胀的差异等）的变化进行调整。爬行幅度的确定可以是"回顾性"的，也可以是"前瞻性"的，前者旨在针对温和的通货膨胀或其他指标进行调整，后者则确定为事先宣布的固定幅度和/或敌意预期的通货膨胀差异。维持爬行钉住对货币政策构成的制约与固定钉住制度类似。

续 表

爬行波幅内的汇率安排	货币汇率维持在中心汇率附近至少为±1%的一定波幅之内（或者，汇率的最大值和最小值之间的差幅超过2%），并且，中心汇率或波动幅度按照固定幅度调整，或根据一些量化指标的变化进行调整。汇率的灵活程度是波幅宽度的函数。波幅要么对称的围绕爬行中心平价，要么选择不对称的上限和下限并逐步扩大（在后一种情况下，可能没有事先宣布的中心汇率）。将汇率维持在波幅以内的承诺对货币政策构成制约，政策的独立性程度是波幅宽度的函数。
没有事先确定的汇率路径的管理浮动	货币当局试图在没有明确的汇率路径或目标的情况下影响汇率。管理汇率依据的指标基本上是判断性的（例如，国际收支头寸、国际储备和平行市场的发展），而且，调整不一定是自动的。干预可以是直接的，也可以是间接的。
独立浮动	汇率由市场决定，任何官方外汇市场干预都旨在缓和汇率变动幅度并防止汇率出现过度波动，而不是为了决定汇率水平。

资料来源：国际货币基金组织2006年年报．北京：中国金融出版社，2007年．

表4.2是以2006年为例IMF公布的各国和地区的汇率制度安排。

表4.2 国际货币基金组织公布的各国和地区的汇率制度安排

没有单独法定货币的汇率安排	厄瓜多尔、萨尔瓦多、基里巴斯、马绍尔群岛、密克罗尼西亚联邦、帕劳、巴拿马、圣马力诺、东帝汶、安提瓜和、巴布达、多米尼加、格林纳达、圣基茨和尼维斯、圣卢西亚、圣文森特和格林纳丁斯、贝宁、布基纳法索、科特迪瓦、几内亚比绍、马里、尼日尔、塞内加尔、多哥、喀麦隆、中非共和国、乍得、刚果共和国、赤道几内亚、欧元区12国（奥地利、比利时、芬兰、德国、法国、希腊、爱尔兰、意大利、卢森堡、荷兰、葡萄牙、西班牙）

第4章 产业结构高度和汇率制度选择的实证分析

续 表

货币局安排	波斯尼亚和塞黑哥维那、文莱达鲁萨兰国、保加利亚、吉布提、爱沙尼亚、中国香港特别行政区、立陶宛
其他传统的固定钉住安排	阿鲁巴岛、阿塞拜疆、巴哈马、巴林、巴巴多斯、白俄罗斯、伯利兹、不丹、佛得角、中国、科摩罗、埃及、厄立特里亚、圭亚那、洪都拉斯、伊拉克、约旦、科威特、拉脱维亚、黎巴嫩、莱索托、前南斯拉夫的马其顿共和国、马尔代夫、马耳他、毛里塔尼亚、纳米比亚、尼泊尔、荷属安德烈群岛、阿曼、巴基斯坦、卡塔尔、沙特阿拉伯、塞舌尔、所罗门群岛、苏里南、斯威士兰、阿拉伯叙利亚共和国、特立尼达和多巴哥、土库曼斯坦、乌克兰、阿拉伯联合酋长国、委内瑞拉、越南、津巴布韦、斐济、利比亚、摩洛哥、萨摩亚、瓦努阿图
水平波幅内的钉住汇率	塞浦路斯、丹麦、斯洛伐克共和国、斯洛文尼亚、匈牙利、汤加
爬行钉住	玻利维亚、博茨瓦纳、哥斯达黎加、伊朗、尼加拉瓜、伊朗
没有事先确定的汇率路径的管理浮动	阿根廷、孟加拉国、柬埔寨、埃塞俄比亚、冈比亚、加纳、海地、印度尼西亚、牙买加、老挝、马达加斯加、马拉维、毛里求斯、摩尔多瓦、蒙古、塞尔维亚和黑山、斯里兰卡、苏丹、塔吉克斯坦、突尼斯、乌拉圭、也门共和国、赞比亚、哥伦比亚、捷克共和国、危地马拉、秘鲁、罗马尼亚、泰国、阿富汗、格鲁吉亚、肯尼亚、吉尔吉斯共和国、莫桑比克、卢旺达、阿尔及利亚、安哥拉、卢隆迪、克罗地亚、多米尼加共和国、几内亚、印度、哈萨克斯坦、利比里亚、马来西亚、缅甸、尼日利亚、巴布亚新几内亚、巴拉圭、俄罗斯联邦、圣多美和普林西比、新加坡、乌兹别克斯坦

· 47 ·

续 表

独立浮动	阿尔巴尼亚、刚果民主共和国、塞拉利昂、乌干达、澳大利亚、巴西、加拿大、智利、冰岛、以色列、韩国、墨西哥、新西兰、挪威、菲律宾、波兰、南非、瑞典、土耳其、英国、亚美尼亚、坦桑尼亚、日本、索马里、瑞士、美国

资料来源：国际货币基金组织 2006 年年报. 北京：中国金融出版社, 2007 年.

注：中国于 2005 年 7 月 21 日宣布人民币兑美元汇率升值 2.1%，并改变了汇率安排，使人民币汇率在市场供求基础上参考未透漏的一篮子货币浮动。为了使市场力量在确定人民币汇率上发挥更大作用，中国自 2005 年 7 月起采取措施开放和发展中国外汇市场，其中包括设立了即期询价外汇市场以及货币互换和期货市场。2005 年底至 2006 年 4 月底，人民币汇率的灵活性有所增强，但人民币兑美元汇率的浮动幅度低于 2%（以三个月计算），因此，按照国际货币基金组织事实上的汇率分类制度，人民币汇率仍属传统的固定钉住汇率安排。

Fischer（2001）① 将以上汇率制度安排归纳为三组："硬"的钉住制（包括没有单独法定货币的汇率安排和货币局安排），中间汇率制度（包括其他传统的固定安排、水平波幅内的钉住汇率、爬行钉住和爬行波幅内的汇率）和浮动汇率制度（包括没有事先确定的汇率路径的管理浮动和独立浮动）。

4.2.2 实际分类法

在汇率制度安排上，各国政府的言行往往并不一致，硬浮动

---

① Fischer, Stanley (2001): "*Exchange Rate Regime: Is the Bipolar View Correct?*", Distinguished Lecture on Economics in Government, delivered at the AEA meeting in new Orleans on January6, 2001.

第4章 产业结构高度和汇率制度选择的实证分析

和软钉住的现象普遍存在①。所谓硬浮动是指名义上宣称实行浮动汇率制度,但由于政府频繁地干预外汇市场,其事实上的汇率制度与钉住汇率制度没有太大区别;所谓软钉住是指那些宣称实行钉住汇率制度同时又有通货膨胀倾向的国家,由于常常实行与固定汇率制度不相符合的货币贬值政策,实际上的汇率制度更类似于有弹性的汇率制度安排。

在硬浮动和软钉住存在的情况下,名义汇率制度分类法就难以准确反映一国的汇率制度安排。从而,一些学者开始寻找事实上的汇率制度安排,并致力于对不同汇率制度安排标准的设定。我们将这些经济学者所提出的汇率制度分类称为实际上的汇率制度分类。

Ghosh(1997)② 等将经济增长和通货膨胀纳入了汇率制度分类框架,运用 $z = \sqrt{u_{\Delta e}^2 + \sigma_{\Delta e}^2}$ 对各国的实际汇率制度安排进行判断,$u_{\Delta e}^2$ 指一年中名义汇率月度变化的平均值;$\sigma_{\Delta e}^2$ 指一年中名义汇率月度变化的方差。z 值越大越倾向于浮动汇率制度;z 值越小越倾向于钉住汇率制度;z 值居中则倾向于中间汇率制度。

Ghosh 的分类方法有一定的科学性,但是 Ghosh 也承认,这种实际的分类方法也不可能令人完全满意,仍然不能排除误判的发生。例如:在软钉住的情况下,z 值也有可能较大;在实行浮动汇率制度的国家,z 值也有可能较小。

---

① 陈三毛. 汇率制度分类理论评述 [J]. 世界经济,2007 年第 1 期,89—96.

② Ghosh, Atish R.; Gulde, Anne-Marie and Wolf, Holger C. "Does the Nominal Exchange Rate Regime Matter?" NBER Working paper, No. 5874, 1997.

自然分类法（又称 R－R 分类法），由 Reinhart 和 Rogoff（2002）[①] 提出。R－R 分类法综合运用了多项信息，所以又称为自然分类法。

陈三毛（2007）[②] 对自然分类法进行了总结，认为自然分类法确立了这样的原则："第一，根据收集整理的历史资料和数据，判断一国是否存在双重（或多重）汇率体系、平行市场；第二，如果一国实行的是一元化汇率制度，不存在双重汇率、平行市场，那么就应该检查其是否存在官方宣布的汇率制度，通过检查概要统计量以证实它的存在，其存在经过证实后，该国实际实施的汇率制度就是其宣布的汇率制度；第三，对于那些没有预先宣布其汇率制度、汇率行为的国家，或者没有通过检验并且其年通货膨胀率没有超过40%的国家，则需要对其实际汇率行为进行统计分析；第四，将年通货膨胀率超过40%的体制归为自由落体，除去那些官方预先宣布的，并且已被检验通过的汇率制度（这些经济中即使通货膨胀率超过40%）；第五，对于存在双重汇率或活跃的平行市场的国家，其汇率制度则用市场决定的实际汇率行为的信息进行分类。

对于实际汇率行为考察主要借助于统计和概率分析。汇率变化以名义汇率月度变化率绝对值的时间序列来反映，汇率变化的波动性用在 2 年和 5 年移动平均的基础上计算的平均绝对离差表示，然后计算月度汇率变化率保持在一定幅度内的概率。例如，如果汇率的月度变化率绝对值小于1%的概率等于或大于80%（在 5 年移动平均基础上计算），这种汇率制度就可以归为事实

---

① Reinhart, Camen M. and Rogoff, Kenneth S. "*The Modern History of Exchange Rate Arrangement: A Reinterpretation.*" NBER Working Paper, No. 89632, 2002.

② 陈三毛. 汇率制度分类理论评述 [J]. 世界经济, 2007年第1期, 89—96.

第4章 产业结构高度和汇率制度选择的实证分析

上的钉住或爬行钉住。

Reinhart 和 Rogoff 建立的有关平行市场、双重汇率体系的数据库信息来源非常广泛,但是官方的统计数据也是他们数据信息的一个重要来源,而且,他们所谓的自然分类法和 1999 年以后 IMF 的分类方法在本质上也是一致的:综合利用多项信息。所不同的是,IMF 注重官方汇率数据,对其他数据的分析则更多地进行定性分析,依赖分类者的经验和判断;自然分类法则借助于定量分析。

Levy-Yeyati 和 Sturzenegger(2000,2001)[①] 根据汇率波动率(以一年中名义汇率平均每月的绝对变动百分比计算)、汇率变动的标准差(以汇率每月变动率的标准差计算)以及外汇储备的波动率[②](以国际储备相对前一月的货币基础的每月平均变动率计算)这三个宏观经济变量,将经济中的汇率制度分为四类:浮动汇率制、中间汇率制、固定汇率制和其他汇率制。这一分类方法又称为 LYS 分类法。

无论名义分类法还是实际分类法,都有自己独到之处,也有难以令人满意的地方,在本书中,如何进行汇率制度变量的选取

---

① Levy‐Yeyati, Eduardo and Federico Sturzenegger (2000): "*Deeds vs Words: Classifying Exchange Rate Regimes*", mimeo, Universidad Torcuato Di Tella. ; Levy‐Yeyati, Eduardo and Federico Sturzenegger (2001): "*Exchange Rate Regime and Economic Performance*", mimeo, Universidad Torcuato Di Tella.

② 之所以引入外汇储备波动率这一变量,是因为在浮动汇率制度条件下一国一般不会运用外汇储备干预汇率变动,从而外汇储备的波动较小,而在固定汇率制度条件下,一国运用外汇储备变动来稳定汇率会导致外汇储备的较大波动。但在现实中,外汇储备的波动除了取决于政府运用外汇储备对汇率进行干预外,还取决于一国外债的波动,更有甚者,有些国家实行固定汇率制度,但并不运用外汇储备对汇率实行干预,而是运用行政手段和道义劝说的方式。

是关键所在。

4.3 汇率制度变量的选取

从以上分析可以看出，汇率制度的实际分类法尽管可以较为准确地衡量一国的汇率制度，但是由于数据的缺乏和不确定因素的影响，在理论上的实际分类法应用于实践当中，误差可能会比较大。汇率制度实际分类法的意义更多地体现在理论意义上。

汇率制度的名义分类法，因为其基本依据是"成员国报告的汇率制度"，而被许多经济学家所诟病。但是，它毕竟是由权威部门发布的、我们能够得到的并且在 1999 年更为注意考核各国真实的政策意图以后的一种较为接近现实的汇率制度分类。所以，在本书中，选择国际货币基金组织的名义汇率制度分类法作为汇率制度分析的前提。

在此处，本书试图运用 Logistic 回归分析对汇率制度与产业结构高度之间的关系进行经验解释，以产业结构高度作为解释变量，汇率制度作为被解释变量。前已述及，产业结构高度用第三产业所占比例来表示，第三产业所占比例越大，代表产业结构高度越高；反之，第三产业所占比例越小，代表产业结构高度越低，当然，此处暂时忽略了产业结构的实高度和虚高度之分。在 Logistic 回归模型下，被解释变量只能在"0"和"1"之间取值。按照 IMF 的名义汇率制度分类顺序——"没有单独法定货币的汇率安排"、"货币局安排"、"其他传统的固定安排"、"水平波幅内的钉住汇率"、"爬行钉住"、"爬行波幅内的汇率安排"、"没有事先确定的汇率路径的管理浮动"和"独立浮动"，是由一个角点向另一个角点转换的过程，在这个转换过程中，浮动的成分逐渐增多，固定的成分逐渐减少，最终达到完全浮动。那么，将完全自由浮动汇率制度的值设为"1"，其他的汇率制

第4章 产业结构高度和汇率制度选择的实证分析

度定义为非自由浮动的汇率制度，其值为"0"。① 非自由浮动的汇率制度包括 IMF 所给定的"没有单独法定货币的汇率安排"、"货币局安排"、"其他传统的固定钉住安排"、"水平波幅内的钉住汇率"、"爬行钉住"和"没有事先确定的汇率路径的管理浮动"。自由浮动汇率制度仅包括 IMF 所给定的"独立浮动"。

根据 Logistic 回归分析的性质，如果以产业结构高度作为解释变量对汇率制度进行回归以后能够得到：产业结构越高的国家和地区选择自由浮动汇率制度的概率越大，产业结构越低的国家和地区选择自由浮动汇率制度的概率越小，则说明汇率制度与产业结构高度之间存在正相关关系；反之，则说明二者存在负相关关系。

4.4　Logistic 回归分析

以下分别以 1997 年、2000 年和 2003 年 43 个国家和地区的数据为样本，利用 Logistic 回归模型来考察汇率制度与产业结构之间的选择性经验关系，计算过程由 Eviews 软件来完成。

4.4.1　对数据来源的说明

（1）第三次产业所占国民生产总值的比例取自《国际统计年鉴》1996—2007 年各期；汇率制度取自国际货币基金组织各年年报。由于《国际统计年鉴》没有公布所有国家的三次产业比例，所以所选取的样本为《国际统计年鉴》所公布的除中国

---

① 由于名义分类法和实际分类法的主要区别体现在分类细节上的不同计量方法，那么，采用这种大而且较粗的分类方法，似乎可以对两种分类方法的差异点有所规避。

澳门①以外的所有国家和地区。

(2) 2003年以后的第三产业占比数据或者不全面（2004年）或者还没有公布（2005、2006和2007年），所以，选取2003年之前的数据进行回归。②

(3) 之所以选择截面数据而不是时间序列数据，是由于布雷顿森林体系崩溃以后，一些国家和地区一直实行非自由浮动的汇率制度；一些国家和地区一直实行自由浮动的汇率制度；而既实行过非自由浮动汇率制度又实行过自由浮动汇率制度的国家和地区的产业结构数据又难以找到。③

(4)《国际统计年鉴》各期所公布的同一国家或地区同一年度的数据前后并不一致，本文中所取的是能够得到的最后公布的数据④。例如：韩国⑤2000年第三产业占比，《国际统计年鉴2002》所公布的数据是49.9；《国际统计年鉴2003》所公布的数据是52.9；《国际统计年鉴2005》所公布的数据是59.5；《国际统计年鉴2006/2007》所公布的数据是54.4。那么，本文中所引用的韩国2000年第三产业占比是《国际统计年鉴2006/2007》所公布的数据（54.4）。

---

① 国际金融组织年报中没有说明中国澳门的汇率制度，所以在样本选择中放弃了中国澳门。

② 选取每间隔两年的数据进行了Logistic检验，由于篇幅的限制没有列示除1997、2000和2003年以外其他年份（1994、1991、1988、1985、1982、1979和1976）的检验结果。

③ 并不排除实行过非自由浮动汇率制度又实行过自由浮动汇率制度，同时又可以找到产业结构数据的国家，如韩国，但这样的样本国家很少，如果运用这些国家的数据进行时间序列检验，在说服力上可能要弱得多。

④ 越靠后的数据可能调整得越充分。

⑤《国际统计年鉴》各期所公布的韩国的数据差别比较大，《国际统计年鉴》各期所公布的其他的国家所公布的数据的差别要小得多。

第4章 产业结构高度和汇率制度选择的实证分析

4.4.2 1997年数据回归结果

表4.3是1997年各个国家和地区的产业结构高度、汇率制度赋值和运用Logistic回归得到的选择概率。

表4.3 1997年统计数据

国别	第三产业占比①	汇率制度	运用Logistic回归得到的选择自由浮动汇率制度的概率
尼日利亚	21.6	0	0.055 768 237
缅甸	30.3	0	0.101 491 867
中国②	30.9	0	0.105 643 037
罗马尼亚	35.8	1	0.145 437 566
蒙古	39.0	1	0.177 650 551
印度尼西亚	39.6	0	0.184 277 858
白俄罗斯	41.9	0	0.211 449 490
越南	42.2	0	0.215 201 645
马来西亚	44.3	0	0.242 809 339
印度	44.9	1	0.251 125 119
伊朗	46.8	0	0.278 680 979
菲律宾	49.0	1	0.312 802 860
巴基斯坦	49.8	0	0.325 760 236
泰国	50.1	0	0.330 690 172
捷克	50.2	0	0.332 341 850
埃及	50.5	0	0.337 321 558
保加利亚	50.9	1	0.344 017 573

① 第三产业产值与国民生产总值的比例。以下相同。
② 中国的数据也取自《国际统计年鉴》。《中国统计年鉴》所公布的中国的数据与《国际统计年鉴》所公布的中国的数据有较大出入，但为了与其他国家一致，本文选用了《国际统计年鉴》所公布的数据。以下相同。

续 表

国别	第三产业占比①	汇率制度	运用 Logistic 回归得到的选择自由浮动汇率制度的概率
孟加拉	51.2	0	0.349 080 758
斯里兰卡	51.2	0	0.349 080 758
乌克兰	51.3	0	0.350 776 150
韩国	51.6	0	0.355 884 841
委内瑞拉	52.4	0	0.369 666 822
土耳其	56.7	0	0.446 908 921
俄罗斯	58.4	0	0.478 396 696
日本	61.0	1	0.526 801 954
哈萨克斯坦	61.2	1	0.530 516 189
巴西	62.4	0	0.552 716 485
波兰	62.6	0	0.556 398 594
南非	63.1	1	0.565 575 949
新加坡	65.1	0	0.601 779 025
阿根廷	65.3	0	0.605 345 632
墨西哥	65.9	1	0.615 976 996
新西兰	67.3②	1	0.640 342 043
西班牙	67.8	1	0.648 878 680
加拿大	69.4③	1	0.675 542 561

① 第三产业产值与国民生产总值的比例。以下相同。
② 1997年数据缺失，此处为1995年数据。
③ 1997年数据缺失，此处为1995年数据。

第4章 产业结构高度和汇率制度选择的实证分析

续 表

国别	第三产业占比①	汇率制度	运用 Logistic 回归得到的选择自由浮动汇率制度的概率
德国	69.7	1	0.680 423 944
意大利	70.2	1	0.688 472 060
英国	71.4	1	0.707 323 781
澳大利亚	71.6	1	0.710 400 006
荷兰	71.9	1	0.714 978 229
美国	72.0	1	0.716 494 596
法国	73.5	1	0.738 644 338
中国香港	85.2	0	0.871 124 056

资料来源:"第三产业占比"数据来自《国际统计年鉴2001》;"汇率制度"数据来自《国际金融组织1997年年报》;运用 Logistic 回归得到的汇率制度估计值来源于运用 EViews 软件的计算。

运用1997年数据进行 Logistic 回归得到的结果:
估计方程:
$$Y = 1 - @LOGIT(-(C(1)) + (2)X)) \quad (4.2)$$
估计结果:
$$Y = 1 - @LOGIT(-(-4.439\,012\,893 + 0.074\,529\,894\,6X)) \quad (4.3)$$

---

① 第三产业产值与国民生产总值的比例。以下相同。

表4.4 表4.3的输出估计值

因变量：Y			
应用方法：ML – Binary Logit			
日期：05/31/08 时间：11：32			
样本区间：143			
样本数量：43			
在4次迭代以后出现收敛			
运用二阶导数计算协方差矩阵			
变量	系数	标准差	Z统计量	P值
C	-4.439 013	1.718 782	-2.582 651	0.009 8
X	0.074 530	0.029 422	2.533 167	0.011 3
因变量均值	0.441 860	因变量标准差	0.502 486
回归标准误	0.455 161	赤池信息准则	1.275 007
残差平方和	8.494 024	施瓦茨准则	1.356 924
对数似然比检验值	-25.412 66	汉南—魁因准则	1.305 216
对数似然约束值	-29.513 97	对数似然比检验均值	-0.590 992
LR统计值（1个自由度）	8.202 630	麦克法登拟合优度	0.138 962
LR统计值概率	0.004 183		
因变量为0的观测值个数	24	总观测值	43
因变量为1的观测值个数	19		

第4章 产业结构高度和汇率制度选择的实证分析

表4.5 预测结果评价

因变量：Y						
应用方法：ML – Binary Logit						
样本区间：143						
样本数量：43						
预测评价（分割点 C = 0.5）						
	估计方程			样本情况		
	因变量=0	因变量=1	合计	因变量=0	因变量=1	合计
P（因变量=1）$\leqslant C$	19	5	24	24	19	43
P（因变量=1）$> C$	5	14	19	0	0	0
合计	24	19	43	24	19	43
符合数量	19	14	33	24	0	24
符合率（%）	79.17	73.68	76.74	100.00	0.00	55.81
不符合率（%）	20.83	26.32	23.26	0.00	100.00	44.19
总符合数量*	-20.83	73.68	20.93			
总符合比率**	NA	73.68	47.37			
	估计方程			样本情况		
	因变量=0	因变量=1	合计	因变量=0	因变量=1	合计
E（#of Dep = 0）	15.39	8.61	24.00	13.40	10.60	24.00
E（#of Dep = 1）	8.61	10.39	19.00	10.60	8.40	19.00
合计	24.00	19.00	43.00	24.00	19.00	43.00
符合数量	15.39	10.39	25.78	13.40	8.40	21.79
符合率（%）	64.13	54.69	59.96	55.81	44.19	50.68
不符合率（%）	35.87	45.31	40.04	44.19	55.81	49.32
总符合数量*	8.32	10.51	9.28			
总符合比率**	18.82	18.82	18.82			
*符合率从默认值（样本情况）到估计方程的改变量						
**通过方程更正的不符合率（默认值）预测值						

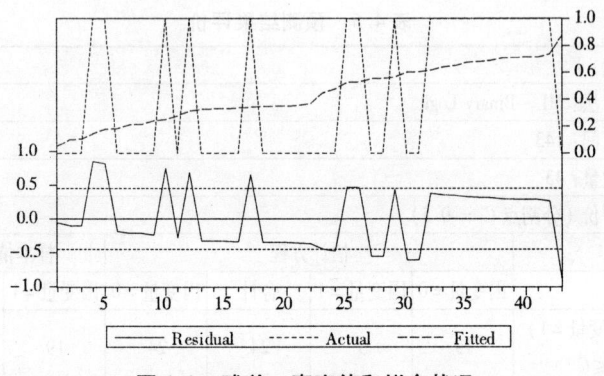

图 4.1 残差、真实值和拟合状况

4.4.3 2000 年数据回归结果

表 4.6 是 2000 年各国和地区的产业结构高度、汇率制度赋值和运用 Logistic 回归得到的选择自由浮动汇率制度的概率。

表 4.6 2000 年统计数据

国别	第三产业占比	汇率制度	运用 Logistic 回归得到的选择自由浮动汇率制度的概率
尼日利亚	27.6	0	0.087 992 311
缅甸	33.1	0	0.131 953 547
印度尼西亚	38.5	1	0.191 939 439
越南	38.7	0	0.194 516 447
中国	39.3	0	0.202 404 577
马来西亚	40.5	0	0.218 889 999
委内瑞拉	46.1	0	0.308 044 489
乌克兰	46.6	0	0.316 922 764

第4章 产业结构高度和汇率制度选择的实证分析

续 表

国别	第三产业占比	汇率制度	运用 Logistic 回归得到的选择自由浮动汇率制度的概率
白俄罗斯	46.7	0	0.318 714 808
蒙古	49.0	1	0.361 334 363
泰国	49.0	1	0.361 334 363
孟加拉	49.2	0	0.365 157 940
伊朗	49.5	0	0.370 925 209
印度	50.0	1	0.380 618 911
埃及	50.1	0	0.382 569 406
哈萨克斯坦	50.8	1	0.396 325 83
罗马尼亚	51.1	0	0.402 273 435
巴基斯坦	51.2	0	0.404 262 471
菲律宾	52.0	1	0.420 283 024
斯里兰卡	52.8	0	0.436 473 306
韩国	54.4	1	0.469 229 152
俄罗斯联邦	55.6	1	0.493 987 072
保加利亚	56.0	0	0.502 252 288
捷克	56.8	0	0.518 774 516
土耳其	59.4	0	0.572 005 180
新加坡	62.8	0	0.639 008 812
波兰	63.3	0	0.648 486 326
加拿大	64.0	1	0.661 559 351
巴西	64.7	1	0.674 390 303

续 表

国别	第三产业占比	汇率制度	运用 Logistic 回归得到的选择自由浮动汇率制度的概率
南非	64.9	1	0.678 009 806
新西兰	65.6	1	0.690 508 854
日本	66.3	1	0.702 735 438
西班牙	66.4	1	0.704 459 193
阿根廷	66.9	0	0.712 990 155
墨西哥	67.8	1	0.727 968 674
意大利	68.1	1	0.732 851 294
德国	68.5	1	0.739 274 167
荷兰	70.3	1	0.766 916 083
英国	70.4	1	0.768 390 332
澳大利亚	70.6	1	0.771 319 244
法国	74.3	1	0.820 773 925
美国	74.6	1	0.824 392 632
中国香港	86.6	0	0.926 780 766

资料来源:"第三产业占比"数据来自《国际统计年鉴2005》和《国际统计年鉴2006/2007》;"汇率制度"数据来自《国际金融组织2000年年报》;"运用 Logistic 回归得到的选择自由浮动汇率制度的概率"来源于运用 EViews 软件的计算。

运用2000年数据进行 Logistic 回归得到的结果:
估计方程同 (4.2)
估计结果:

第4章 产业结构高度和汇率制度选择的实证分析

$$Y = 1 - @LOGIT[-(4.619\,683\,013 + 0.082\,655\,218\,33X)] \quad (4.4)$$

表4.7 表4.6的输出估计值

因变量：Y				
应用方法：ML - Binary Logit				
日期：05/31/08 时间：11：42				
样本区间：1 43				
样本数量：43				
在3次迭代以后出现收敛				
运用二阶导数计算协方差矩阵				
变量	系数	标准差	Z统计量	P值
C	-4.619 683	1.843 625	-2.505 760	0.012 2
X	0.082 655	0.032 106	2.574 471	0.010 0
因变量均值	0.511 628	因变量标准差		0.505 781
回归标准误	0.456 645	赤池信息准则		1.281 509
残差平方和	8.549 501	施瓦茨准则		1.363 426
对数似然比检验值	-25.552 45	汉南—魁因准则		1.311 718
对数似然约束值	-29.793 70	对数似然比检验均值		-0.594 243
LR统计值（1个自由度）	8.482 499	麦克法登		0.142 354
LR统计值概率	0.003 586			
因变量为0的观测值个数	21	总观察值		43
因变量为1的观测值个数	22			

表 4.8 预测结果评价

因变量: Y						
应用方法: ML – Binary Logit						
样本区间: 1 43						
样本数量: 43						
预测评价(分割点 C = 0.5)						
	估计方程			样本情况		
	因变量 = 0	因变量 = 1	合计	因变量 = 0	因变量 = 1	合计
P(因变量 = 1) $\leqslant C$	14	8	22	0	0	0
P(因变量 = 1) $> C$	7	14	21	21	22	43
合计	21	22	43	21	22	43
符合数量	14	14	28	0	22	22
符合率(%)	66.67	63.64	65.12	0.00	100.00	51.16
不符合率(%)	33.33	36.36	34.88	100.00	0.00	48.84
总符合数量*	66.67	-36.36	13.95			
总符合比率**	66.67	NA	28.57			
	估计方程			样本情况		
	因变量 = 0	因变量 = 1	合计	因变量 = 0	因变量 = 1	合计
E(#of Dep = 0)	12.34	8.66	21.00	10.26	10.74	21.00
E(#of Dep = 1)	8.66	13.34	22.00	10.74	11.26	22.00
合计	21.00	22.00	43.00	21.00	22.00	43.00
符合数量	12.34	13.34	25.68	10.26	11.26	21.51
符合率(%)	58.76	60.63	59.71	48.84	51.16	50.03
不符合率(%)	41.24	39.37	40.29	51.16	48.84	49.97
总符合数量*	9.92	9.47	9.69			
总符合比率**	19.39	19.39	19.39			

*符合率从默认值(样本情况)到估计方程的改变量

**通过方程更正的不符合率(默认值)预测值

第4章 产业结构高度和汇率制度选择的实证分析

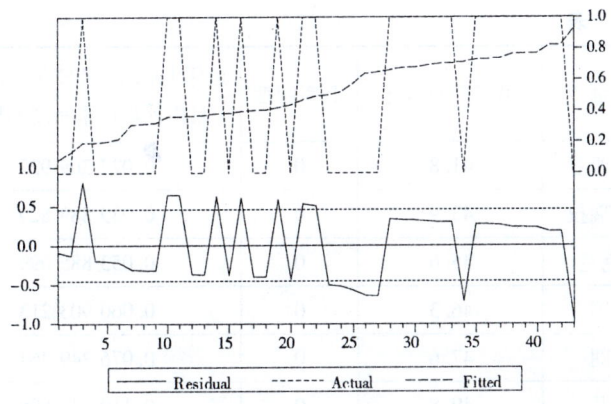

图 4.2 残差、真实值和拟合状况

4.4.4 2003 年数据回归结果

表 4.9 是 2003 年各国和地区的产业结构高度、汇率制度赋值和运用 Logistic 回归得到的选择自由浮动汇率制度的概率。

表 4.9 2003 年统计数据①

国别	第三产业占比	汇率制度	运用 Logistic 回归得到的选择自由浮动汇率制度的概率
尼日利亚	24.2	0	1.07E-03
中国	33.4	0	5.89E-03
越南	38.2	0	0.014 223 978
印度尼西亚	39.9	0	0.019 396 351

---

① 缅甸 2000 年以后的产业结构数据都还没有公布,所以在此处将缅甸剔出了样本。

续 表

国别	第三产业占比	汇率制度	运用 Logistic 回归得到的选择自由浮动汇率制度的概率
马来西亚	41.8	0	0.027 369 927
委内瑞拉	43.9	0	0.039 889 829
乌克兰	45.6	0	0.053 885 099
泰国	46.3	0	0.060 903 213
伊朗	47.6	0	0.076 249 464
埃及	49.8	0	0.110 440 896
印度	51.2	0	0.138 656 875
罗马尼亚	52.0	0	0.157 352 629
孟加拉	52.0	0	0.157 352 629
巴基斯坦	53.2	0	0.189 170 019
菲律宾	53.2	1	0.189 170 019
哈萨克斯坦	53.9	0	0.209 898 925
阿根廷	54.1	0	0.216 119 187
斯里兰卡	54.7	1	0.235 573 408
蒙古	57.0	0	0.320 742 146
捷克	57.1	0	0.324 797 799
保加利亚	57.5	0	0.341 280 361
白俄罗斯	60.1	0	0.456 313 726
俄罗斯联邦	60.7	0	0.484 038 352
韩国	62.2	1	0.553 405 625
土耳其	64.7	1	0.663 356 592

第4章 产业结构高度和汇率制度选择的实证分析

续 表

国别	第三产业占比	汇率制度	运用 Logistic 回归得到的选择自由浮动汇率制度的概率
新加坡	65.0	0	0.675 671 521
南非	65.2	1	0.683 749 728
加拿大	65.4①	1	0.691 718 529
新西兰	65.5	1	0.695 660 905
波兰	66.1	1	0.718 704 248
西班牙	67.1	1	0.754 652 631
日本	68.2	1	0.790 455 895
德国	69.4	1	0.824 960 327
意大利	69.5	1	0.827 623 395
墨西哥	69.6	1	0.830 254 283
澳大利亚	70.9	1	0.861 598 610
荷兰	71.6	1	0.876 371 486
英国	72.4	1	0.891 575 903
巴西	75.1	1	0.931 368 028
美国	76.5	1	0.946 223 94
法国	78.2	1	0.960 192 082
中国香港	87.5	0	0.992 671 158

资料来源:"第三产业占比"数据来源于《国际统计年鉴2005》和《国际统计年鉴2006/2007》;"汇率制度"数据来源于《国际金融组织2003年年报》;"运用 Logistic 回归得到的选择自由浮动汇率制度的概率"来源于运用 EViews 软件的计算。

---

① 加拿大2002年和2003年的第三产业占比数据没有公布,此处用2001年的数据代替。

运用 2003 年数据进行 Logistic 回归得到的结果:
估计方程同 (4.2)
估计结果:
$$Y = 1 - @LOGIT(-(-11.32609704 + 0.1855391855X)) \quad (4.5)$$

表 4.10　表 4.9 的输出估计值

因变量: Y			
应用方法: ML - Binary Logit			
日期: 05/31/08　时间: 11: 32			
样本区间: 1 43			
样本数量: 43			
在 4 次迭代以后出现收敛			
运用二阶导数计算协方差矩阵			
变量	系数	标准差	Z 统计量	P 值
C	-11.326 10	3.404 459	-3.326 842	0.000 9
X	0.185 539	0.055 414	3.348 223	0.000 8
因变量均值	0.452 381	因变量标准差	0.503 761
回归标准误	0.339 197	赤池信息准则	0.919 821
残差平方和	4.602 181	施瓦茨准则	1.002 567
对数似然比检验值	-17.316 25	汉南—魁因准则	0.950 151
对数似然约束	-28.921 42	对数似然比检验均值	-0.412 292
LR 统计值 (1 个自由度)	23.210 34	麦克法登 R^2	0.401 266
LR 统计值概率	1.45E-06		
因变量为 0 的观测值个数	23	总观察值	42
因变量为 1 的观测值个数	19		

第4章 产业结构高度和汇率制度选择的实证分析

表4.11 预测结果评价

因变量：Y						
应用方法：ML – Binary Logit						
样本区间：1 43						
样本数量：43						
预测评价（分割点 C = 0.5）						
	估计方程			样本情况		
	因变量=0	因变量=1	合计	因变量=0	因变量=1	合计
P（因变量=1）$\leq C$	21	2	23	23	19	42
P（因变量=1）$> C$	2	17	19	0	0	0
合计	23	19	42	23	19	42
符合数量	21	17	38	23	0	23
符合率（%）	91.30	89.47	90.48	100.00	0.00	54.76
不符合率（%）	8.70	10.53	9.52	0.00	100.00	45.24
总符合数量*	-8.70	89.47	35.71			
总符合比率**	NA	89.47	78.95			
	估计方程			样本情况		
	因变量=0	因变量=1	因变量=0	因变量=1	因变量=0	因变量=1
E（#of Dep =0)	17.93	5.07	23.00	12.60	10.40	23.00
E（#of Dep =1)	5.07	13.93	19.00	10.40	8.60	19.00
合计	23.00	19.00	42.00	23.00	19.00	42.00
符合数量	17.93	13.93	31.85	12.60	8.60	21.19
符合率（%）	77.94	73.30	75.84	54.76	45.24	50.45
不符合率（%）	22.06	26.70	24.16	45.24	54.76	49.55
总符合数量*	23.18	28.06	25.39			
总符合比率**	51.24	51.24	51.24			
*符合率从默认值（样本情况）到估计方程的改变量						
**通过方程更正的不符合率（默认值）预测值						

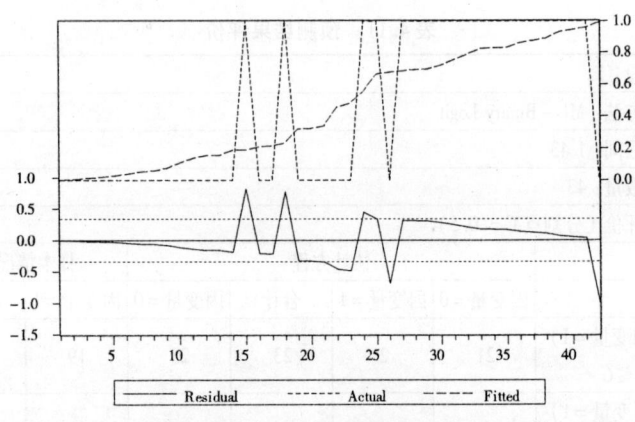

图 4.3 残差、真实值和拟合状况

4.5 对三组数据回归结果的比较

一、三组数据回归结果的常数项和解释变量的值存在差别（如表 4.12 所示），但都不能拒绝产业结构和汇率制度之间存在相关性。

表 4.12 三组数据回归结果的常数项和解释变量的值、值

	变量	系数	Z 统计量	P 值
1997 年	C	-4.439 013	-2.582 651	0.009 8
	X	0.074 53	2.533 167	0.011 3
	变量	系数	Z 统计量	P 值
2000 年	C	-4.619 683	-2.505 76	0.012 2
	X	0.082 655	2.574 471	0.01
	变量	系数	Z 统计量	P 值
2003 年	C	-11.326 1	-3.326 842	0.000 9
	X	0.185 539	3.348 223	0.000 8

资料来源：表 4.3、4.6、4.9。

第 4 章 产业结构高度和汇率制度选择的实证分析

1997 年和 2000 年的数据基本相同，但 2003 年的数据与前两组数据的差别较大，从 Z 统计量来看，2003 年的结果要好于前两组数据的结果，其原因可能是 2003 年的例外数据较少。

二、三组数据回归结果的常数项和解释变量的 P 值存在差别（如表 4.12 所示），但 P 值都很小，不能否认产业结构和汇率制度之间可能存在相关性。同样，1997 年和 2000 年的数据基本相同，但 2003 年的数据与前两组数据的差别较大，从 P 值来看，2003 年数据的回归结果要好于前两组数据的回归结果，其原因也可能是 2003 年的例外数据较少。

三、三组数据回归结果的回归标准误、残差平方和、对数似然比概率、统计值概率、因变量标准差、赤池信息准则、施瓦茨准则、汉南—魁因准则都较小，对数似然比检验值和统计值（1个自由度）都较大，如表 4.13 所示，说明产业结构很可能是汇率制度的较好解释变量。同样，1997 年和 2000 年的数据基本相同，但 2003 年的数据与前两组数据的差别较大，2003 年的结果要好于前两组数据的结果，其原因也可能是 2003 年的例外数据较少。

表 4.13 三组数据回归结果的各项指标

指标 \ 年份	1997	2000	2003
回归标准误	0.455 161	0.456 645	0.339 197
残差平方和	8.494 024	8.549 501	4.602 181
对数似然比检验值	-25.412 66	-25.552 45	-17.316 25
LR 统计值（1 个自由度）	8.202 63	8.482 499	23.210 34
LR 统计值概率	0.004 183	0.003 586	1.45E-06

续 表

指标\年份	1997	2000	2003
因变量标准差	0.502 486	0.505 781	0.503 761
赤池信息准则	1.275 007	1.281 509	0.919 821
施瓦茨准则	1.356 924	1.363 426	1.002 567
汉南—魁因准则	1.305 216	1.311 718	0.950 151
对数似然比检验均值	-0.590 992	-0.594 243	-0.412 292
麦克法登拟合优度	0.138 962	0.142 354	0.401 266

资料来源：表4.3、4.6、4.9。

四、三组数据回归结果的麦克法登拟合优度都不高（最高的是2003年数据结果0.401 266），如表4.13所示，但一般认为拟合优度更多是作为参考之用，对检验结果并不产生太大影响。

五、从1997、2000和2003年的回归结果来看：三组截面数据常数项和解释变量的值都不能拒绝产业结构和汇率制度之间存在相关性；三组截面数据常数项和解释变量的值都很小，说明产业结构和汇率制度之间存在高度相关性；三组截面数据运用Logistic回归得到的选择自由浮动汇率制度的概率随着第三产业占比的升高而升高，说明产业结构与汇率制度之间存在正相关关系：随着产业结构高度的升高，选择浮动汇率制度的概率越大；反之，随着产业结构高度的降低，选择非自由浮动汇率制度的概率越大。①

---

① 对1976—2003年其他各期数据检验的结果也基本是这样。

第4章 产业结构高度和汇率制度选择的实证分析

4.6 对回归结果的两点说明

一、针对1997年数据，运用Logistic回归得到的选择自由浮动汇率制度的概率处于0.5附近的区域，第三产业占比为58.4%（俄罗斯联邦，非自由浮动的汇率制度，运用Logistic回归得到的选择自由浮动汇率制度的概率0.478 396 696和61.0%（日本，自由浮动汇率制度，运用Logistic回归得到的选择自由浮动汇率制度的概率0.526 801 954）；针对2000年数据，运用Logistic回归得到的选择自由浮动汇率制度的概率处于0.5附近的区域，第三产业占比为55.6%（俄罗斯联邦，自由浮动汇率制度，运用Logistic回归得到的选择自由浮动汇率制度的概率0.493 987 072）和56.0%（保加利亚，非自由浮动的汇率制度，运用Logistic回归得到的选择自由浮动汇率制度的概率0.502 252 288）；针对2003年数据，运用Logistic回归得到的选择自由浮动汇率制度的概率处于0.5附近的区域，第三产业占比为60.7%（俄罗斯联邦，非自由浮动的汇率制度，运用Logistic回归得到的选择自由浮动汇率制度的概率0.484 038 352）和62.2%（韩国，自由浮动汇率制度，运用Logistic回归得到的选择自由浮动汇率制度的概率0.553 405 625）。从上述三期的截面数据来看，运用Logistic回归得到的选择自由浮动汇率制度的概率处于0.5附近区域的第三产业占比，也就是产业结构高度，没有明显的上升或者降低的趋势，[①] 如表4.14所示。

---

① 对1976—2003年全部年份的数据进行检验后，可以看出Logistic检验值处于0.5附近区域的第三产业占比随着时间的推移有较为明显的上升趋势，这是由于各国的产业结构都在提高，还是由于各国之间产业结构高度的差异在缩小，具体原因还难以解释，有待于在增加样本数量并对各国汇率制度中固定成分和自由浮动成分进行分解后作更进一步的深入研究。

表 4.14　Logistic 回归得到的选择自由浮动
汇率制度的概率处于 0.5 附近区域的相关数据

1997 年数据		
国别	第三产业占比	汇率制度	运用 Logistic 回归得到的选择自由浮动汇率制度的概率
俄罗斯联邦	58.4	0	0.478 396 696
日本	61.0	1	0.526 801 954
2000 年数据			
俄罗斯联邦	55.6	1	0.493 987 072
保加利亚	56.0	0	0.502 252 288
2003 年数据			
俄罗斯联邦	60.7	0	0.484 038 352
韩国	62.2	1	0.553 405 625

资料来源：表 4.3、4.6 和 4.9。

其中，一个有趣的现象是俄罗斯联邦的汇率政策出现了反复，由非自由浮动汇率制度转变为自由浮动汇率制度，再由自由浮动汇率制度又转变为非自由浮动汇率制度，而俄罗斯联邦运用 Logistic 回归得到的选择自由浮动汇率制度的概率在三组数据中都出现在了 0.5 附近。

二、总体上来看，产业结构高度和汇率制度选择之间有着较好的拟合结果，但也有较多的例外数据。

1997 年的例外数据如表 4.15 所示。

第4章 产业结构高度和汇率制度选择的实证分析

表4.15　1997年的例外数据

国别	第三产业占比	汇率制度	运用Logistic回归得到的选择自由浮动汇率制度的概率
罗马尼亚	35.8	1	0.145 437 566
蒙古	39.0	1	0.177 650 551
印度	44.9	1	0.251 125 119
菲律宾	49.0	1	0.312 802 860
保加利亚	50.9	1	0.344 017 573
巴西	62.4	0	0.552 716 485
波兰	62.6	0	0.556 398 594
新加坡	65.1	0	0.601 779 025
阿根廷	65.3	0	0.605 345 632
中国香港	85.2	0	0.871 124 056

资料来源：表4.3。

2000年的例外数据如表4.16所示。

表4.16　2000年的例外数据

国别	第三产业占比	汇率制度	运用Logistic回归得到的选择自由浮动汇率制度的概率
印度尼西亚	38.5	1	0.191 939 439
蒙古	49.0	1	0.361 334 363
泰国	49.0	1	0.361 334 363
印度	50.0	1	0.380 618 911

续 表

国别	第三产业占比	汇率制度	运用 Logistic 回归得到的选择自由浮动汇率制度的概率
哈萨克斯坦	50.8	1	0.396 325 83
菲律宾	52.0	1	0.420 283 024
韩国	54.4	1	0.469 229 152
俄罗斯联邦	55.6	1	0.493 987 072
保加利亚	56.0	0	0.502 252 288
捷克	56.8	0	0.518 774 516
土耳其	59.4	0	0.572 005 180
新加坡	62.8	0	0.639 008 812
波兰	63.3	0	0.648 486 326
阿根廷	66.9	0	0.712 990 155
中国香港	86.6	0	0.926 780 766

资料来源：表4.6。

2003年的例外数据如表4.17所示。

表4.17　2003年的例外数据

国别	第三产业占比	汇率制度	运用 Logistic 回归得到的选择自由浮动汇率制度的概率
菲律宾	53.2	1	0.189 170 019
斯里兰卡	54.7	1	0.235 573 408
新加坡	65.0	0	0.675 671 521
中国香港	87.5	0	0.992 671 158

资料来源：表4.9。

第4章 产业结构高度和汇率制度选择的实证分析

4.7 对例外事项的说明

从表4.13、4.14和4.15可以看出，2000年的例外数据最多（15个），1997年次之（10个），2003年的最少（只有4个）。如果将三组数据中运用Logistic回归得到的选择自由浮动汇率制度的概率在$0.5 \pm 0.1$①以内的例外数据剔除，那么，1997年可将巴西和波兰剔除例外事项；2000年可以将菲律宾、韩国、俄罗斯联邦、保加利亚、捷克和土耳其剔除例外事项。

表4.18是对上述属于例外事项国家的三组数据的汇总。

表4.18 例外事项汇总表

国别	年份	第三产业占比	汇率制度	运用Logistic回归得到的选择自由浮动汇率制度的概率	备注
罗马尼亚	1997	35.8	1	0.145 437 566	例外
	2000	51.1	0	0.402 273 435	
	2003	52	0	0.157 352 629	
保加利亚	1997	50.9	1	0.344 017 573	例外
	2000	56	0	0.502 252 288	例外
	2003	57.5	0	0.341 280 361	

---

① 认为在0.5 ± 0.1以内的例外数据不具有代表性，也就是说0.5 ± 0.1以内的例外数据由于受产业结构以外的不确定影响可能是导致汇率制度"误选"的主要原因，但为什么选择0.1而不是其他数字确实存在主观因素。

续 表

国别	年份	第三产业占比	汇率制度	运用 Logistic 回归得到的选择自由浮动汇率制度的概率	备注
阿根廷	1997	65.3	0	0.605 345 632	
	2000	66.9	0	0.712 990 155	例外
	2003	54.1	0	0.216 119 187	
波兰	1997	62.6	0	0.556 398 594	例外
	2000	63.3	0	0.648 486 326	例外
	2003	66.1	1	0.718 704 248	
蒙古	1997	39	1	0.177 650 551	例外
	2000	49	1	0.361 334 363	例外
	2003	57	0	0.320 742 146	
印度	1997	44.9	1	0.251 125 119	例外
	2000	50	1	0.380 618 911	例外
	2003	51.2	0	0.138 656 875	
哈萨克斯坦	1997	61.2	1	0.530 516 189	
	2000	50.8	1	0.396 325 83	例外
	2003	53.9	0	0.209 898 925	
泰国	1997	50.1	0	0.330 690 172	
	2000	49	1	0.361 334 363	例外
	2003	46.3	0	0.060 903 213	
印度尼西亚	1997	39.6	0	0.184 277 858	
	2000	38.5	1	0.191 939 439	例外
	2003	39.9	0	0.019 396 351	

续 表

国别	年份	第三产业占比	汇率制度	运用Logistic回归得到的选择自由浮动汇率制度的概率	备注
斯里兰卡	1997	51.2	0	0.349 080 758	
	2000	52.8	0	0.436 473 306	
	2003	54.7	1	0.235 573 408	例外
中国香港	1997	85.2	0	0.871 124 056	例外
	2000	86.6	0	0.926 780 766	例外
	2003	87.5	0	0.992 671 158	例外
新加坡	1997	65.1	0	0.601 779 025	例外
	2000	62.8	0	0.639 008 812	例外
	2003	65	0	0.675 671 521	例外
菲律宾	1997	49	1	0.312 802 86	例外
	2000	52	1	0.420 283 024	例外①
	2003	53.2	1	0.189 170 019	例外

资料来源：表4.3、4.6和4.9。

罗马尼亚：1997年执行的是自由浮动汇率制度，属于例外事项；2000年执行的是非自由浮动的汇率制度，不再是例外事项。

保加利亚：1997年执行的是自由浮动汇率制度，属于例外事项；2000年执行的是非自由浮动的汇率制度，但同样属于例外事项；2003年，执行的同样是非自由浮动的汇率制度，退出了例外事项的行列。

---

① 2000年的Logistic检验值处于 0.5 ± 0.1 以内，属于被认为可忽略的范围之内。

阿根廷：1997年至2003年执行的都是非自由浮动的汇率制度，1997年和2000年都属例外事项。2003年之所以退出例外事项，从表中数据来看，是由于第三产业占比的降低，而不是自由浮动汇率制度和非自由浮动汇率制度之间的转换。

波兰：1997年和2000年都属例外事项（在1997年和2000年执行的都是非自由浮动汇率制度），到2003年，已经转变为自由浮动的汇率制度，不再是例外事项。

蒙古和印度：1997年和2000年都属例外事项（在1997年和2000年执行的都是自由浮动汇率制度），到2003年，已经转变为非自由浮动的汇率制度，并且不再是例外事项。

哈萨克斯坦：1997年执行的是自由浮动汇率制度，同时第三产业占比较高，不属于例外事项；2000年，第三产业占比下降，执行的仍然是自由浮动汇率制度，属于例外事项；2003年，第三产业占比进一步下降，但执行的是非自由浮动的汇率制度，不再属于例外事项。

泰国和印度尼西亚：从数据上来看，这两个国家的产业结构高度都不高。在1997年和2003年执行的都是非自由浮动的汇率制度，不属于例外事项，但2000年都执行了自由浮动汇率制度，属于例外事项。

斯里兰卡：在三组数据中，斯里兰卡的第三产业占比变化并不大，1997年和2000年执行的都是非自由浮动的汇率制度，不属于例外事项；但在2003年执行的是自由浮动汇率制度，成为例外事项。

只有中国香港、菲律宾和新加坡始终属于例外事项。

中国香港、菲律宾和新加坡没有经过第一、二产业的高度发展，认为他们的产业结构是一种"虚高度"，而非"实高度"。

阿根廷2000年发生了金融危机，产业结构高度（第三产业占比）的跳跃性非常强。

第4章 产业结构高度和汇率制度选择的实证分析

在上述的例外事项国家中，如果能够将中国香港、菲律宾、新加坡和阿根廷剔除，则其他国家都发生了或者发生过汇率制度在自由浮动和非自由浮动之间的转换，这些转换表现出的几个规律性有①：

1. 产业结构高度较低的一些国家②：罗马尼亚、保加利亚、蒙古、印度和哈萨克斯坦，发生了由自由浮动汇率制度向非自由浮动汇率制度的转换，同时也由例外事项国家转换成了非例外事项国家；

2. 产业结构高度较低的泰国和印度尼西亚③，在2000年实行了自由浮动汇率制度，成为例外事项国家，而在1997年和2003年实行了非自由浮动的汇率制度，属于非例外事项国家；

3. 产业结构高度较低的斯里兰卡④，在由非自由浮动汇率制度转换为自由浮动汇率制度以后，就进入了例外事项国家的行列；

4. 产业结构高度较高的波兰⑤，在由非自由浮动汇率制度转换为自由浮动汇率制度以后，退出了例外事项。

上述第1、2条说明：当产业结构与汇率制度之间出现"错配"时，汇率制度必须作出调整以适合产业结构高度的要求；上述第3、4条说明：当汇率制度达不到或者超越了产业结构的要求时，例外事项发生。这几点规律性的转换，似乎从侧面印证了产业结构和汇率制度之间的高度相关性。

---

① 需要说明的一点是，在样本国家中，除了这些例外事项国家和Logistic检验估计值在 0.5 ± 0.1 以内的一些国家（巴西、俄罗斯和韩国）进行过汇率制度转换外，其他国家都没有发生过自由浮动汇率制度和非自由浮动汇率制度之间的转换。
② 通常也认为这些国家属于发展中国家。
③ 通常也认为该国属于发展中国家。
④ 通常也认为该国属于发展中国家。
⑤ 属于较为发达的国家。

第 5 章 产业结构变迁与汇率制度选择之间关系的内在机理

在前面的分析中,我们认为现有汇率制度选择理论的不足之处主要表现在:(1)汇率制度选择宏观分析欠妥;(2)对汇率制度选择内生性的忽略;(3)对汇率制度选择"长期性"的忽略;(4)对发展中国家与发达国家经济发展程度不同的忽略。发展中国家与发达国家发展程度的不同,导致了发展中国家与发达国家在实体经济结构上的差异。导致国别之间实体经济结构差异的主要原因,是由于各国之间技术进步的差异。在对产业结构与汇率制度之间的关系进行了经验分析以后,本章试图以技术进步为出发点,从内在机理上寻找产业结构与汇率制度选择之间的关系。

5.1 经济增长、技术进步、主导产业更替与产业结构变迁

5.1.1 技术进步和经济增长

"经济增长理论的最基本定理是:为了保持长期内人均产出的增长率为正,必须有以新产品、新市场或新工艺为形式的技术

第5章 产业结构变迁与汇率制度选择之间关系的内在机理

知识方面的持续进步"① （Philippe Aghion and Peter Howitt, 2004）这一点可以从索罗②（Solow, 1956）和斯旺③（Swan, 1956）所发展出来的新古典增长模型来证明。

新古典增长模型的基本形式为：

$$Y = Af(K, N) \tag{5.1}$$

Y 代表经济总量④；A 代表技术；K 代表资本存量；N 代表劳动力存量。经济总量取决于技术、资本存量和劳动力存量。那么，产出的增长就取决于技术进步、资本的增加和劳动力的增加，产出的增长就是经济增长。

劳动力的增长取决于人口的增长速度，显然，人口的增长受自然规律约束，不可能作为经济增长的主导因素，同时，人口的增长只能增加经济总量，不能增加人均收入。

资本的增加取决于储蓄和折旧之差，即：

$$\Delta K = sY - \delta K \tag{5.2}$$

s 代表储蓄率；sY 代表新增投资；δ 代表折旧率；δK（折旧率与现有资本存量的乘积）代表当期的折旧总额。资本的边际报酬递减，即：

$$\frac{d'Y}{d'K} > 0; \quad \frac{d''Y}{d''K} < 0 \tag{5.3}$$

施加稻田条件为：

$$\lim_{K \to \infty} \frac{d'Y}{d'K} = 0; \quad \lim_{K \to 0} \frac{d'Y}{d'K} = \infty \tag{5.4}$$

---

① Philippe Aghion and Peter Howitt 著，陶然，倪彬华，王柏林等译，内生增长理论 [M]. 北京：北京大学出版社，2004 年。

② Solow, R. M. 1956. "*A Contribution to the Theory of Economic Growth.*" Quarterly Journal of Economicsh.

③ Swan, T. W. 1956. "*Economic Growth and Capital Accumulation.*" Economic Record.

④ 以下也称"产出"。

当资本增加时,产出和储蓄增加,但增加幅度递减。折旧(δK)按斜率直线上升,最终,资本增加量为零($\Delta K = 0$)。储蓄率 s 的增加也只能使经济从一个稳态转化到另一个稳态。任何试图鼓励人们增加储蓄推进经济增长的尝试最终都会以失败告终。可见,资本也不是经济长期增长的主导因素。

那么,在决定经济增长的三个要素(技术、资本和劳动力)中,要解释所观察到的人均产出和长期经济增长就只剩下了技术是唯一的解释变量。在索罗—斯旺模型中,技术可以作为增加有效劳动力和有效资本的途径,随着技术的进步,能够不断抵消边际报酬递减对经济增长的抑制。

内生的技术进步是长期经济增长的主要动力。目前,衡量技术进步率在国际上大多采用"剩余计算法",利用生产函数从生产的增长率中减去劳动和资本的增长率。公式为:

技术进步率 = 生产增长率 $- d \times$ 劳动力增长率 $- (1-d)$ 资本增加率 （5.5）

式中,d 为工资额占净资产的比例。

剩余计算法测算的技术进步率是绝对水平值,是由原因到结果的直观影射,不反映由技术进步到经济增长的推演过程,那么,在这个黑箱内部可能有什么情况发生呢?

5.1.2 技术进步、主导产业更替与产业结构变迁

考察现代经济增长,其最显著的特点是经济总量的高增长率和经济结构的高变动率。许多经济学家对于经济增长与产业结构演变的内在关联进行了深入研究。其中有代表性的经济学家是西蒙·库兹涅茨和罗斯托。

"库兹涅茨在一系列关于经济增长的著作中提出,经济增长因素主要是知识存量的增加、劳动生产率的提高和结构方面的变化。库兹涅茨在结构变化研究中,不仅考察了产业结构变动与总

第5章 产业结构变迁与汇率制度选择之间关系的内在机理

量增长的一般关系,而且分析了结构变动在不同总量增长时点上的状态。为此,库兹涅茨认为,如果不去理解和衡量生产结构中的变化,经济增长是难以理解的。"①

产业结构演进与经济增长之间的内在联系已经被许多经济学家认同,大量的统计数据表明,现代经济增长不仅是一个总量增长的过程,而且还是一个产业结构成长、演进的过程,产业结构演进与经济增长具有相辅相成的内在关联。但对如何分析和研究这一内在联系的方法和角度却有很大的分歧。为此,库兹涅茨与罗斯托对经济增长的本质进行了争论,他们的争论反映了两种具有代表性的不同观点。

库兹涅茨认为:"经济增长是一个总量中增长的过程,部门的变化都同总量的变化相互联系,而且,只有把部门的变化结合到总量的框架中时,才可能对它们加以适当的权衡比较;缺乏所需要的总量变化就严重地限制了内含的战略性的部门变化的可能性。"② 在他看来,经济增长本质是一个总量增长的过程,总量的高增长率导致生产结构的高变换率,没有总量的足够变化将会对结构的演变起到严重的制约作用。其依据是消费者需求结构的变动直接拉动生产结构的转换,这是因为高新技术的不断涌现所反映的按人口平均产值的高增长率将产生新的巨大的潜在需求,从而影响了产业结构的演变。同时,在开放的条件下,由于高新技术的迅速发展,生产条件得到巨大改善,带来的按人口平均产值的高增长率使一国在国际贸易中的相对优势发生变化,国际市场需求的扩大也促使一国国内生产结构发生演变。因此,按人口平均产值的增长率越高,消费需求结构的变动就越大。其逻辑顺

---

① 芮明杰. 产业经济学 [M]. 上海:上海财经大学出版社,2005年:191页.

② 库兹涅茨. 各国的经济增长 [M]. 北京:商务印书馆,1997年:第23页.

序：总量高增长率引起需求结构的高转移率，需求结构的高转移率则拉动生产结构高变动率。

罗斯托[①]则持与库兹涅茨截然相反的观点。他指出，就其自身而言，并不是要否认总量的概念，而只是强调经济增长实质上是一个部门的过程，它植根于现代技术所提供的生产函数的积累扩散之中。这些发生在技术和组织中的变化只能从部门的角度去分析和理解。罗斯托主要从创新和主导部门的角度去论证这一观点。其依据是：（1）对于高新技术的吸收本身就是一个部门的形成过程。吸收新技术并不是出现在我们所说的国民生产总值或投资这类指数抽象物中，也不是出现于我们称为农业、工业或服务业这类指数抽象物中。技术创新总是与某一特定部门中的经济问题相联系，同时也会遇到这个部门在制度上和社会上的所有问题。（2）引进新的重要技术或创新于某个部门之中，是一个与其他部门以及与整个经济运转相联系的纵横交错的复杂过程。这一过程显示了由于创新在一个部门的出现，通过与其他部门的复杂关联，从而推动和影响了产业结构的演变。（3）由于新技术的引进或创新，使具有新的生产函数的主导部门发出各种扩散效应，从而使经济增长产生飞跃。因此，经济增长是主导部门依次更替的结果。罗斯托[②]认为，一个国家的产业结构高度在很大程度上由主导产业的主导地位所决定，主导产业是指："第一，这个部门在这段时间里，不仅增长势头很大，而且还要达到显著的规模；第二；这段时间也是该部门的回顾和旁侧效应渗透到整个

---

① 罗斯托.经济增长的阶段 [M].北京：中国社会科学出版社，2001年.

② 罗斯托.从起飞进入持续增长的经济学 [M].成都：四川人民出版社，1986年.

第5章 产业结构变迁与汇率制度选择之间关系的内在机理

经济的时候。"江小涓①（1996）认为，主导产业是指"能够较多吸引先进技术、面对大幅度增长的需求、自身保持较高增长速度并对其他产业的发展具有较强带动作用的产业部门"。刘伟②（1995）认为，"在特定的时期内，主导产业有快于其他产业的增长势头并正在或已经在产业结构中占据优势比重"。综合以上观点可见：主导产业就是在经济发展过程中居于主导地位的、能通过其前后向关联与旁侧关联带动整个经济增长的产业部门。在特定的时期内，主导产业有快于其他产业的增长势头并正在或已经在产业结构中占据优势比重；主导产业通过其前后向关联与旁侧关联能够对整个经济增长和产业结构高度化发挥明显的"主导性"作用。

罗斯托③认为，离开了对现代经济增长中产业经济结构的分析就不能解释经济增长发生的原因。这是因为：

1. 现代经济增长对技术创新的吸收本身就是一个产业经济部门形成的过程。技术创新是具体的，并非抽象的产值指标所能概括，事实上它总是与某一特定产业经济部门紧密相连的。技术创新具有强烈的渗透性、明显的超前性和可分享性，使其在改变着"人的因素"④ 的同时，也改变着"物的因素"，即工具，从而造成了生产的急剧扩张，改造了相应的产业部门，导致一系列新型产业部门的出现。这样，产业经济部门越来越依赖于技术创

---

① 江小涓. 世纪之交的工业结构升级 [M]. 上海：上海远东出版社，1996年.

② 刘伟. 工业化进程中的产业结构研究 [M]. 北京：中国人民大学出版社，1995年.

③ 罗斯托. 从起飞进入持续增长的经济学 [M]. 成都：四川人民出版社，1986年.

④ 特定产业经济部门中特定的技术创新要求劳动者具有现代科技知识和技能，由简单的体力型转变为智力型。

新并同时成为技术不断创新的载体。因此，技术创新能否出现和是否行之有效，是由某特色产业经济部门中广泛的关系及特点所决定。

2. 现代经济增长是主导产业经济部门依次更替的结果。增长的完整序列不仅仅是总量的运动，它成了在一连串的部门中高潮的继起并依次关联于主导部门的序列，而这也标志着现代经济史的发展历程。在产业结构的各个发展阶段上，都有一个或若干个与之相应的主导部门存在，它率先采用新技术，本身具有较高的经济增长率，其发展能够带动其他产业部门和整个经济的发展。主导产业部门同经它带动而增长的有关部门一起构成一个主导产业部门综合体系。这一综合体系内各产业部门之间以主导产业部门为中心和纽带紧密联系、相互依存，给一国经济带来很大好处：增强生产能力，扩大国内市场，增加利润积累，促进主导产业部门所在地区的经济繁荣，扩大对其他产业部门产业的需求，从而带动一国经济增长。主导产业部门之所以能带动其他经济部门增长，不仅因为它本身有相当高的增长率，而且还由于它具有回顾效应、旁侧效应和前向效应。

刘伟（1995）[①] 也认为："技术进步的速率是导致部门生产率上升的重要原因。由于工业化不同阶段技术进步率在各部门不同，总是技术进步率高的部门逐渐取代技术进步率低的部门成为主要部门，从而使产业结构，尤其是工业结构向高度化演替，并使这种演替表现出明显的阶段性。因此，结构高度的演替同时便是结构效益的提高，即具有更高技术进步率的部门，从而使整个产业结构表现出总体结构性效益进步；或者说，正是这种技术进步规定的生产率提高，推动着结构高度化进程。脱离这种技术进

---

① 刘伟，工业化进程中的产业结构研究 [M]．北京：中国人民大学出版社，1995 年：84 页。

第5章 产业结构变迁与汇率制度选择之间关系的内在机理

步和结构效益提高的结构高度化推进,必然不是经济发展本身的内在要求,因而也就不符合经济发展历史的顺向逻辑,这种高度化推进只能是'虚高度'。"

以下用数学语言来说明技术进步、主导产业更替、产业结构变迁和经济增长之间的关系。

首先,设:

$$Y = \underbrace{X_{11} + X_{12} + \cdots + X_{1n}}_{\text{第一产业部门}} + \underbrace{X_{21} + X_{22} + \cdots + X_{2m}}_{\text{第二产业部门}} + \underbrace{X_{31} + X_{32} + \cdots + X_{3k}}_{\text{第三产业部门}} \tag{5.6}$$

Y 代表经济总量;X_{ij} 表示第 i 个产业的第 j 产业部门($i=1, 2, 3$;$j=1, 2, \cdots, n$ 或 m 或 k)。

对上式求全微分得:

$$\begin{aligned} dY &= \frac{\partial Y}{\partial X_{11}}dX_{11} + \frac{\partial Y}{\partial X_{12}}dX_{12} + \cdots \frac{\partial Y}{\partial X_{1n}}dX_{1n} \\ &+ \frac{\partial Y}{\partial X_{21}}dX_{21} + \frac{\partial Y}{\partial X_{22}}dX_{22} + \cdots + \frac{\partial Y}{\partial X_{2m}}dX_{2m} \\ &+ \frac{\partial Y}{\partial X_{31}}dX_{31} + \frac{\partial Y}{\partial X_{32}}dX_{32} + \cdots + \frac{\partial Y}{\partial X_{3k}}dX_{3k} \end{aligned} \tag{5.7}$$

在上式两端同时除以 Y 得:

$$\begin{aligned} \frac{dY}{Y} &= \frac{X_{11}}{Y}\frac{\partial Y}{\partial X_{11}}\frac{dX_{11}}{X_{11}} + \frac{X_{12}}{Y}\frac{\partial Y}{\partial X_{12}}\frac{dX_{12}}{X_{12}} + \cdots + \frac{X_{1n}}{Y}\frac{\partial Y}{\partial X_{1n}}\frac{dX_{1n}}{X_{1n}} \\ &+ \frac{X_{21}}{Y}\frac{\partial Y}{\partial X_{21}}\frac{dX_{21}}{X_{21}} + \frac{X_{22}}{Y}\frac{\partial Y}{\partial X_{22}}\frac{dX_{22}}{X_{22}} + \cdots + \frac{X_{2m}}{Y}\frac{\partial Y}{\partial X_{2m}}\frac{dX_{2m}}{X_{2m}} \\ &+ \frac{X_{31}}{Y}\frac{\partial Y}{\partial X_{31}}\frac{dX_{31}}{X_{31}} + \frac{X_{32}}{Y}\frac{\partial Y}{\partial X_{32}}\frac{dX_{32}}{X_{32}} + \cdots + \frac{X_{3k}}{Y}\frac{\partial Y}{\partial X_{3k}}\frac{dX_{3k}}{X_{3k}} \end{aligned} \tag{5.8}$$

$\frac{X_{ij}}{Y}\frac{\partial Y}{\partial X_{ij}}$ 表示第 i 个产业的第 j 产业部门的总产出弹性,记为 β_{ij},则上式可以改写为:

$$\frac{dY}{Y} = \beta_{11}\frac{dX_{11}}{X_{11}} + \beta_{12}\frac{dX_{12}}{X_{12}} + \cdots + \beta_{1n}\frac{dX_{1n}}{X_{1n}}$$

$$+ \beta_{21} \frac{dX_{21}}{X_{21}} + \beta_{22} \frac{dX_{22}}{X_{22}} + \cdots + \beta_{2n} \frac{dX_{2n}}{X_{2n}}$$

$$+ \beta_{31} \frac{dX_{31}}{X_{31}} + \beta_{32} \frac{dX_{32}}{X_{32}} + \cdots + \beta_{3n} \frac{dX_{3n}}{X_{3n}}$$

$$= \sum_{j=1}^{n} \beta_{1j} \frac{dX_{1j}}{X_{1j}} + \sum_{j=1}^{n} \beta_{2j} \frac{dX_{2j}}{X_{2j}} + \sum_{j=1}^{n} \beta_{3j} \frac{dX_{3j}}{X_{3j}} \quad (5.9)$$

从（5.9）式中可以看出，经济总量的增长不仅取决于各个产业部门的增长率 $\left(\frac{dX_{ij}}{X_{ij}}\right)$，还取决于各个产业部门的总产出弹性 ($\frac{X_{ij}}{Y} \frac{\partial Y}{\partial X_{ij}}$，记为 β_{ij})。某一产业部门的增长率越大，总产出弹性越大，对经济增长率 $\left(\frac{dY}{Y}\right)$ 的贡献就越大；反之，增长率越小，总产出弹性越小，对经济增长率 $\left(\frac{dY}{Y}\right)$ 的贡献就越小。

根据罗斯托和刘伟的论述，某一项技术进步首先在某一产业部门中产生，假设某一项技术进步首先在 z 产业部门中产生，并且这项技术的技术进步率远高于同时期内其他产业部门的技术进步率。技术进步率最快意味着增长率最大，同时，技术进步率最快意味着这一产业部门是技术密集型产业部门，一般来说，技术密集型产品的附加价值最高、需求弹性最小，需求弹性最小意味着总产出弹性较大。根据主导产业转换理论，技术进步率最快和需求弹性最小的产业就成为主导产业。那么，z 产业部门就成为主导产业。

经过一段时间以后，z 产业部门会通过前、后向关联效应和旁侧关联效应传递到整个产业中，从而引起其所在产业（一、二、三产业）的扩张、经济结构的转变、经济总量的增长和 z 产业部门所在产业占经济总量（Y）的比重上升，经济结构转变的历史顺序表现为一、二、三产业占比的依次增高。在充分发展以

第5章 产业结构变迁与汇率制度选择之间关系的内在机理

后，z产业部门开始由技术密集型产业转向资本密集型产业（之后，可能还会从资本密集型产业转向劳动密集型产业），附加价值开始降低，需求弹性开始升高。

与z产业部门相同的发展过程会不断在其他产业部门中产生，主导产业更替由此表现为相互继起、此起彼伏的形态。

综上所述，产业结构的变迁过程实际上就是主导产业的更替过程。在主导产业的更替过程中，技术进步起着至关重要的作用。正是由于技术进步，引起了主导产业的更替、产业结构的提高和经济增长。

综合以上分析，由技术进步到经济增长的链条可表现为图5.1。

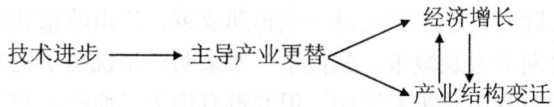

图5.1　由技术进步到产业结构变迁

在由技术进步到经济增长和产业结构变迁的链条中，技术进步和主导产业更替难以有效衡量，而经济增长是一个变动的过程，不属于时点概念，从而，在这一链条中，能够用来分析汇率制度选择的就只剩下产业结构。

运用产业结构对汇率制度选择进行分析，可以有两种推理方式：（1）由产业结构到汇率制度的直推式；（2）由汇率制度到产业结构的倒推式。在本节说明了由技术进步到产业结构变迁之间的演化过程，以下拟采用倒推的方式，首先分析最直接作用于汇率制度选择的影响因素，之后再推导产业结构与汇率制度之间的关系。

5.2 汇率制度选择中资本与金融账户和经常账户的地位

蒙代尔—弗莱明模型说明，在固定汇率制度条件下，货币政策无效，财政政策有效；在浮动汇率制度条件下，财政政策无效，货币政策有效。克鲁格曼在借鉴蒙代尔—弗莱明模型基础上提出的"三元悖论"说明资本自由流动、固定汇率制度和独立的货币政策不能同时存在，在三者中间只能选择两个，在资本与金融账户开放的条件下，就必须在独立的货币政策和固定汇率制度之间做出取舍。

毫无疑问，汇率制度是一项长期政策，货币政策和财政政策是较短时期的宏观政策。蒙代尔—弗莱明模型说明了汇率制度对财政政策和货币政策有影响，但并没有说为了使财政政策或货币政策有效就必须选择固定汇率制度或者浮动汇率制度。显然，从常理上来说，一个国家在制定宏观经济政策时，必须先考虑长期政策，然后根据长期政策来制定短期政策，而不是先制定短期政策再来考虑长期政策。那么，在"三元悖论"的分析过程中，就忽略了固定汇率制度与独立的货币政策之间的优先次序问题。

对于资本与金融账户还没有开放的国家，经常项目对汇率制度选择的影响要远大于资本与金融账户。对于资本与金融账户已经开放的国家，分析二者之间的关系就要复杂得多。"原罪论"和"中间汇率制度消失论"将发展中国家之所以选择固定汇率制度的原因归因为发展中国家脆弱的金融市场，未免有失偏颇。以下以资本与金融账户已经开放的国家为蓝本，以长期预算约束为条件来分析经常账户和资本与金融账户之间的关系。

第5章 产业结构变迁与汇率制度选择之间关系的内在机理

5.2.1 预算约束条件下资本与金融账户和经常账户之间关系的理论

设一个国家一年的经常账户盈余为 a_i，资本与金融账户的盈余为 k_i。在较长时期内，经常账户余额为：

$$\sum_{i=1}^{n} a_i = a_1 + a_2 + \cdots + a_n$$

资本与金融账户余额为：

$$\sum_{i=1}^{n} k_i = k_1 + k_2 + \cdots + k_n$$

经常账户和资本与金融账户之间存在的跨期预算约束关系，分以下几种情况进行讨论：

1. $\sum_{i=1}^{n} k_i \approx 0$，$\sum_{i=1}^{n} a_i \approx 0$，可能的利率与汇率组合：本币既不存在高估，也不存在低估，本国的利率水平围绕世界利率水平波动。由经常账户产生的国际收支约为零，由资本与金融账户产生的国际收支也约为零。

2. $\sum_{i=1}^{n} k_i > 0$，$\sum_{i=1}^{n} a_i > 0$，$\sum_{i=1}^{n} k_i - \sum_{i=1}^{n} a_i > 0$，可能的利率与汇率组合：本币低估，由经常账户产生的国际收支为正；利率高估，由资本与金融账户产生的国际收支为正。出现双顺差，且由资本与金融账户产生的国际收支余额大于由经常账户产生的国际收支余额。

3. $\sum_{i=1}^{n} k_i > 0$，$\sum_{i=1}^{n} a_i > 0$，$\sum_{i=1}^{n} k_i - \sum_{i=1}^{n} a_i < 0$，可能的利率与汇率组合：本币低估，由经常账户产生的国际收支为正；利率高估，由资本与金融账户产生的国际收支为正。出现双顺差，由经常账户产生的国际收支余额大于由资本与金融账户产生的国际收

支余额。

4. $\sum_{i=1}^{n} k_i > 0$，$\sum_{i=1}^{n} a_i < 0$，$\sum_{i=1}^{n} k_i > -\sum_{i=1}^{n} a_i$，可能的利率与汇率组合：本币高估，由经常账户产生的国际收支为负；利率高估，由资本与金融账户产生的国际收支为正。由资本与金融账户产生的国际收支顺差足以弥补由经常账户产生的国际收支逆差。

5. $\sum_{i=1}^{n} k_i > 0$，$\sum_{i=1}^{n} a_i > 0$，$\sum_{i=1}^{n} k_i < -\sum_{i=1}^{n} a_i$，可能的利率与汇率组合：本币高估，由经常账户产生的国际收支为负；利率高估，由资本与金融账户产生的国际收支为正。由资本与金融账户产生的国际收支顺差不足弥补由经常账户产生的国际收支逆差。

6. $\sum_{i=1}^{n} k_i > 0$，$\sum_{i=1}^{n} a < 0$，$\sum_{i=1}^{n} k_i \approx -\sum_{i=1}^{n} a_i$，可能的利率与汇率组合：本币高估，由经常账户产生的国际收支为负；利率高估，由资本与金融账户产生的国际收支为正。由资本与金融账户产生的国际收支顺差与由经常账户产生的国际收支逆差基本可以相互抵消。

7. $\sum_{i=1}^{n} k_i < 0$，$\sum_{i=1}^{n} a_i < 0$，$\left|\sum_{i=1}^{n} a_i\right| > \sum_{i=1}^{n} k_i$，可能的利率与汇率组合：本币高估，由经常账户产生的国际收支为负；利率低估，由资本与金融账户产生的国际收支为负。由经常账户产生的国际收支逆差大于由资本与金融账户产生的国际收支逆差。

8. $\sum_{i=1}^{n} k_i < 0$，$\sum_{i=1}^{n} a_i < 0$，$\left|\sum_{i=1}^{n} a_i\right| < \left|\sum_{i=1}^{n} k_i\right|$，可能的利率与汇率组合：本币高估，由经常账户产生的国际收支为负；利率低估，由资本与金融账户产生的国际收支为负。由经常账户产生的国际收支逆差小于由资本与金融账户产生的国际收支逆差。

9. $\sum_{i=1}^{n} k_i < 0$，$\sum_{i=1}^{n} a_i > 0$，$\sum_{i=1}^{n} a_i > -\sum_{i=1}^{n} k_i$，可能的利率与汇

第5章 产业结构变迁与汇率制度选择之间关系的内在机理

率组合：本币低估，由经常账户产生的国际收支为正；利率低估，由资本与金融账户产生的国际收支为负。由经常账户产生的国际收支顺差足以弥补由资本与金融账户产生的国际收支逆差。

10. $\sum_{i=1}^{n} k_i < 0$，$\sum_{i=1}^{n} a_i > 0$，$\sum_{i=1}^{n} a_i < -\sum_{i=1}^{n} k_i$，可能的利率与汇率组合：本币低估，由经常账户产生的国际收支为正；利率低估，由资本与金融账户产生的国际收支为负。由经常账户产生的国际收支顺差不足弥补由资本与金融账户产生的国际收支逆差。

11. $\sum_{i=1}^{n} k_i < 0$，$\sum_{i=1}^{n} a_i > 0$，$-\sum_{i=1}^{n} k_i \approx \sum_{i=1}^{n} a_i$，可能的利率与汇率组合：本币低估，由经常账户产生的国际收支为正；利率低估，由资本与金融账户产生的国际收支为负。由资本与金融账户产生的国际收支顺差与由经常账户产生的国际收支逆差基本可以相互抵消。

12. $\sum_{i=1}^{n} k_i \approx 0$，$\sum_{i=1}^{n} a_i > 0$，可能的利率与汇率组合：本国的利率水平围绕世界利率水平波动，由资本与金融账户产生的国际收支也约为零；本币低估，由经常账户产生的国际收支为正。

13. $\sum_{i=1}^{n} k_i \approx 0$，$\sum_{i=1}^{n} a_i < 0$，可能的利率与汇率组合：本国的利率水平围绕世界利率水平波动，由资本与金融账户产生的国际收支也约为零；本币高估，由经常账户产生的国际收支为负。

14. $\sum_{i=1}^{n} k_i > 0$，$\sum_{i=1}^{n} a_i \approx 0$，可能的利率与汇率组合：本币既不存在高估，也不存在低估，由经常账户产生的国际收支约为零；利率高估，由资本与金融账户产生的国际收支为正。

15. $\sum_{i=1}^{n} k_i < 0$，$\sum_{i=1}^{n} a_i \approx 0$，可能的利率与汇率组合：本币既不存在高估，也不存在低估，由经常账户产生的国际收支约为

零；利率低估，由资本与金融账户产生的国际收支为负。

第1种情况，在没有外来冲击的情况下，不失为一种较为理想的状态。

第2、4、6、14种情况，由资本与金融账户产生的国际收支顺差较大，由经常账户产生的国际收支较小、为零或者为负。从较长时期来看，当资本与金融账户的资金净流入大于经常账户时，最终的货币贬值、偿还债务的过程可能会非常痛苦，甚至会导致经济的快速衰落，南美的债务危机和东南亚的金融危机就是例证。对于发展中国家来说，其暂时的资金充裕的幸福可能要小于长期偿还债务的痛苦。

第3种情况，由经常账户产生的国际收支为正，由资本与金融账户产生的国际收支为正，由经常账户产生的国际收支顺差大于由资本与金融账户产生的国际收支顺差，对于发展中国家来说，债务偿还可以得到保证，是一种较为理想的状态。

第5种情况，由经常账户产生的国际收支逆差大于由资本与金融账户产生的国际收支顺差，只有在本国货币可以作为国际货币的情况下才可能产生，但在发展中国家，由于其货币不可能作为国际货币，所以，可以排除这种情况的出现。

第7、8种情况，是双逆差组合，也是只有在本国货币可以作为国际货币的情况下才可能产生，如美国。发展中国家不可能出现这种组合。

第9、12种情况，由经常账户产生的国际收支为正，由资本与金融账户产生的国际收支为负或零，由经常账户产生的国际收支顺差可以弥补由资本与金融账户产生的国际收支逆差，而且尚有盈余，对于发展中国家来说，是一种较为理想的状态。

第10种情况，由经常账户产生的国际收支顺差小于由资本与金融账户产生的国际收支逆差，也是只有在本国货币可以作为国际货币的情况下才可能产生，发展中国家不可能出现这种

第5章 产业结构变迁与汇率制度选择之间关系的内在机理

组合。

第11种情况，由经常账户产生的国际收支顺差可以弥补由资本与金融账户产生的国际收支逆差，但没有盈余，在没有外来冲击的情况下，对于发展中国家来说，也不失为一种较为理想状态。

第13种情况，由经常账户产生的国际收支为负，由资本与金融账户产生的国际收支为零，在本币不为世界所接受的情况下，这种情况不可能出现，也就是只有在本国货币可以作为国际货币的情况下才可能产生，发展中国家不可能出现这种组合。

第15种情况，由经常账户产生的国际收支为零，由资本与金融账户产生的国际收支为负，也就是只有在本国货币可以作为国际货币的情况下才可能产生，发展中国家不可能出现这种组合。

5.2.2 预算约束条件下资本与金融账户和经常账户之间关系的个案分析

以《国际统计年鉴》所列示的有国际收支平衡表的国家为总体，抽取部分有代表性的国家为样本，就经常项目和资本与金融账户进行分析，比较现实中的预算约束作用与理论之间的符合程度。[①]

---

① 《国际统计年鉴》各期所列示的同一个国家同一年的国际收支数字并不一致，例如《国际统计年鉴2001》所列示的泰国2000年的经常账户余额为9 195百万美元，《国际统计年鉴2002》所列示的泰国2000年的经常账户余额为9 310百万美元，本文取9 310百万美元作为泰国2000年的经常账户余额，认为越靠后的数据调整得越充分。即同一国家同一年的数据出现在《国际统计年鉴》的不同年度，取《国际统计年鉴》靠后年度的数据。以下相同。

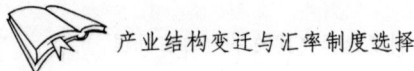

1. 以巴西和阿根廷为例

以下是巴西和阿根廷 1970 年至 2003 年的经常账户余额和资本与金融账户余额。①

表 5.1 巴西 1970—2003 年的经常账户余额和资本与金融账户余额②

(单位：百万美元)

年份	经常账户余额	经常账户累计余额	资本与金融账户余额	资本与金融账户累计余额
1970	-837	-837	1 331	1 331
1971	-1 638	-2 475	2 121	3 452
1972	-1 690	-4 165	4 121	7 573
1973	-2 158	-6 323	4 454	12 027
1974	-7 562	-13 885	6 578	18 605
1975	-7 008	-20 893	5 943	24 548
1976	-6 554	-27 447	9 226	33 774
1977	-5 112	-32 559	5 633	39 407
1978	-7 036	-39 595	11 663	51 070
1979	-10 478	-50 073	7 750	58 820
1980	-12 806	-62 879	9 100	67 920
1981	-11 751	-74 630	12 304	80 224
1982	-16 312	-90 942	9 477	89 701

① 2004 年数据缺失，2006 年和 2007 年的数据还没有公布。
② 假设 1970 年年初的经常账户余额和资本与金融账户余额为零，以下对各国的数据作同样的假设。

第5章 产业结构变迁与汇率制度选择之间关系的内在机理

续 表

年份	经常账户余额	经常账户累计余额	资本与金融账户余额	资本与金融账户累计余额
1983	-6 837	-97 779	6 251	95 952
1984	42	-97 737	4 836	100 788
1985	-273	-98 010	147	100 935
1986	-5 304	-103 314	1 676	102 611
1987	-1 450	-104 764	3 090	105 701
1988	4 159	-100 605	-2 521	103 180
1989	1 025	-99 580	-423	102 757
1990	-3 823	-103 403	-5 406	97 351
1991	-1 450	-104 853	598	97 949
1992	6 089	-98 764	-4 696	93 253
1993	20	-98 744	795	94 048
1994	-1 153	-99 897	1 595	95 643
1995	-18 136	-118 033	29 658	125 301
1996	-23 248	-141 281	33 636	158 937
1997	-30 491	-171 772	25 400	184 337
1998	-33 829	-205 601	20 438	204 775
1999	-25 073	-230 674	7 562	212 337
2000	-24 630	-255 304	29 640	241 977
2001	-23 210	-278 514	20 040	262 017
2002	-7 700	-286 214	-2 670	259 347
2003	4 180	-282 034	340	259 687

资料来源:《国际统计年鉴》1970—2006年各期。

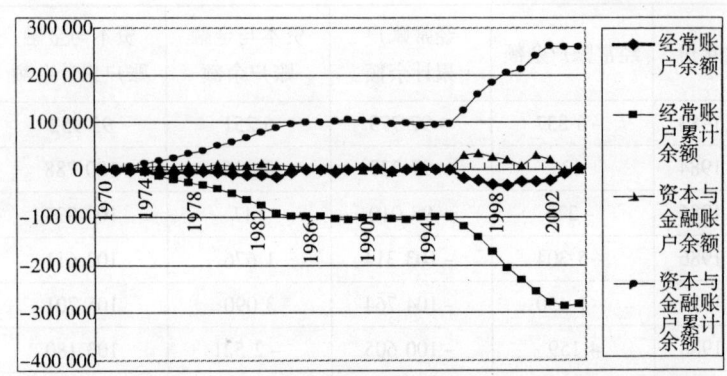

图 5.2 巴西 1970—2003 年经常账户余额和资本与金融账户余额

表 5.2 阿根廷 1970—2003 年的经常账户余额和资本与金融账户余额

(单位:百万美元)

年份	经常账户余额	经常账户累计余额	资本与金融账户余额	资本与金融账户累计余额
1970	-163	-163	239	239
1971	-390	-553	-55	184
1972	-227	-780	162	346
1973	711	-69	131	477
1974	118	49	-43	434
1975	-1 278	-1 229	200	634
1976	651	-578	267	901
1977	1 126	548	719	1 620
1978	1 856	2 404	279	1 899
1979	-513	1 891	4 673	6 572
1980	-4 774	-2 883	2 024	8 596
1981	-4 712	-7 595	1 441	10 037

第5章 产业结构变迁与汇率制度选择之间关系的内在机理

续 表

年份	经常账户余额	经常账户累计余额	资本与金融账户余额	资本与金融账户累计余额
1982	-2 353	-9 948	1 722	11 759
1983	-2 436	-12 384	130	11 889
1984	-2 405	-14 789	2 377	14 266
1985	-952	-15 741	2 200	16 466
1986	-2 859	-18 600	1 976	18 442
1987	-4 235	-22 835	2 192	20 634
1988	-1 572	-24 407	3 492	24 126
1989	-1 305	-25 712	32	24 158
1990	4 552	-21 160	-5 884	18 274
1991	-647	-21 807	3 255	21 529
1992	-5 462	-27 269	5 460	26 989
1993	-8 003	-35 272	9 214	36 203
1994	-10 949	-46 221	11 764	47 967
1995	-5 191	-51 412	4 906	52 873
1996	-6 843	-58 255	11 729	64 602
1997	-12 497	-70 752	17 225	81 827
1998	-14 603	-85 355	17 873	99 700
1999	-12 312	-97 667	14 705	114 405
2000	-8 970	-106 637	8 200	122 605
2001	-4 550	-111 187	-13 490	109 115
2002	9 560	-101 627	-23 400	85 715
2003	7 390	-94 237	-15 740	69 975

资料来源:《国际统计年鉴》1970—2006 年各期。

（单位：百万美元）

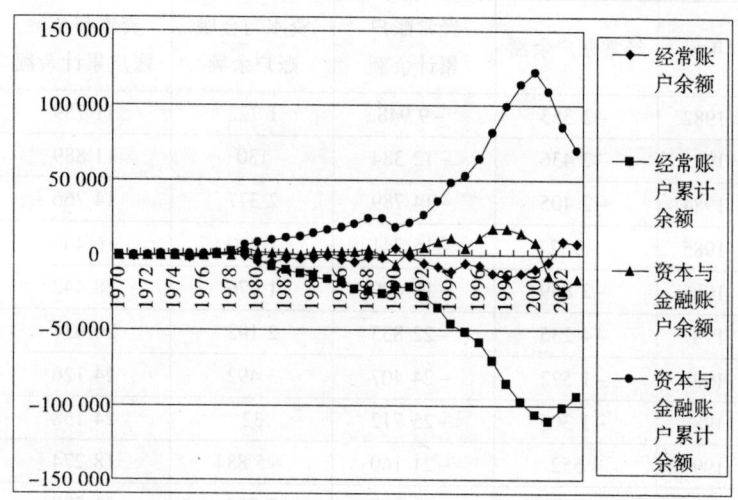

图 5.3 阿根廷 1970—2003 年经常账户余额和资本与金融账户余额

从以上数据可以看出，在 20 世纪 70 年代初，无论是巴西还是阿根廷，经常账户累计余额和资本与金融账户累计余额都几乎接近于零。然而，到了 70 年代中后期，这两个国家的资本与金融账户累计余额开始增加，经常账户累计余额开始减少，这意味着，资本与金融账户开始脱离经常账户的预算约束。资本与金融账户累计余额迅速增加的原因源于 70 年代后半期负实际利率的刺激和被商业信贷人的热情所鼓舞，发展中国家掀起了一股借款热潮，并将这些贷款用于消费而非投资，所以经常账户累计余额没有扩大，反而由于消费的增加，引致进口的增加，进而导致经常账户累计余额的负增长。众所周知，之后，由于两次石油危机的影响、实际利率的上升和发达国家经济增长的放缓等原因的影响，在 80 年代，众多的发展中国家爆发了债务危机，巴西和阿根廷首当其冲。尽管债务危机的爆发有外在的客观原因，但谁又

第5章 产业结构变迁与汇率制度选择之间关系的内在机理

能忽略内在的资本与金融账户对经常账户预算约束脱离的主观原因呢?

在整个80年代的债务危机时期,可能是由于借款能力的下降,尽管巴西和阿根廷等发展中国家急需外来资金,但资本与金融账户累计余额并没有迅速扩大,在90年代初,反倒有所减小。然而到了90年代债务危机以后,随着借款能力的恢复,资本与金融账户余额急剧上升。到了2001年7月,阿根廷又一次爆发了债务危机,并最终发展为史无前例的金融危机,并同时爆发财政危机、企业危机、政治危机、社会危机和体制危机。从而,其后的资本与金融账户余额又大幅回落。与阿根廷相似,2001年到2002年,巴西也出现了全面债务违约。

从巴西和阿根廷的例子可以看出,资本与金融账户脱离经常账户的预算约束以后,在不可测的外在因素的影响下,为债务危机和金融危机甚至体制危机埋下了伏笔。

2. 以泰国和马来西亚为例

以下是泰国和马来西亚1970年至2003年的经常账户余额和资本与金融账户余额。

表5.3 泰国1970—2003年的经常账户余额和资本与金融账户余额

(单位:百万美元)

年份	经常账户余额	经常账户累计余额	资本与金融账户余额	资本与金融账户累计余额
1970	-250	-250	168	168
1971	-175	-425	165	333
1972	-51	-476	247	580
1973	-46	-522	262	842
1974	-87	-609	572	1 414

续 表

年份	经常账户余额	经常账户累计余额	资本与金融账户余额	资本与金融账户累计余额
1975	-625	-1 234	574	1 988
1976	-440	-1 674	521	2 509
1977	-1 098	-2 772	1 107	3 616
1978	-1 153	-3 925	1 180	4 796
1979	-2 086	-6 011	2 050	6 846
1980	-2 070	-8 081	1 909	8 755
1981	-2 570	-10 651	2 614	11 369
1982	-1 003	-11 654	922	12 291
1983	-2 874	-14 528	2 713	15 004
1984	-2 109	-16 637	2 625	17 629
1985	-1 537	-18 174	1 619	19 248
1986	247	-17 927	437	19 685
1987	-365	-18 292	1 277	20 962
1988	-1 655	-19 947	4 221	25 183
1989	-2 498	-22 445	7 510	32 693
1990	-7 281	-29 726	9 097	41 790
1991	-7 572	-37 298	12 190	53 980
1992	-6 303	-43 601	6 445	60 425
1993	-6 364	-49 965	6 593	67 018
1994	-8 085	-58 050	7 998	75 016
1995	-13 554	-71 604	21 909	96 925
1996	-14 692	-86 296	19 486	116 411

第5章 产业结构变迁与汇率制度选择之间关系的内在机理

续 表

年份	经常账户余额	经常账户累计余额	资本与金融账户余额	资本与金融账户累计余额
1997	-3 021	-89 317	-12 206	104 205
1998	14 243	-75 074	-14 291	89 914
1999	12 428	-62 646	-11 073	78 841
2000	9 310	-53 336	-10 440	68 401
2001	6 220	-47 116	-3 910	64 491
2002	7 650	-39 466	-2 680	61 811
2003	7 950	-31 516	-8 070	53 741

资料来源:《国际统计年鉴》1970—2006年各期。

(单位:百万美元)

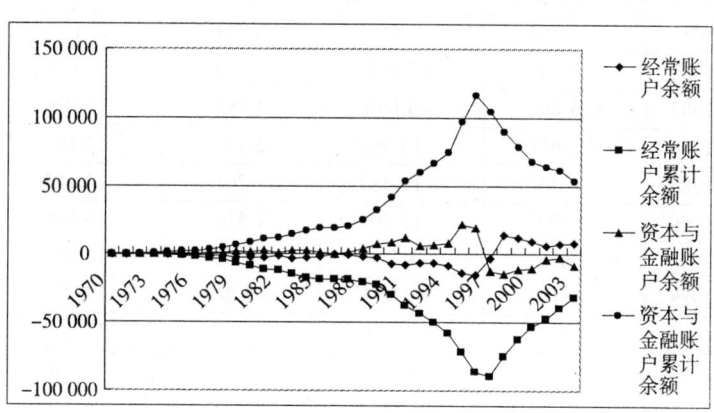

图 5.4 泰国 1970—2003 年经常账户余额和资本与金融账户余额

表 5.4　马来西亚 1970—2003 年的经常账户余额和资本与金融账户余额

（单位：百万美元）

年份	经常账户余额	经常账户累计余额	资本与金融账户余额	资本与金融账户累计余额
1970	8	8	6	6
1971	-108	-100	172	178
1972	-248	-348	275	453
1973	105	-243	119	572
1974	-543	-786	741	1 313
1975	-496	-1 282	561	1 874
1976	580	-702	-382	1 492
1977	436	-266	-128	1 364
1978	108	-158	171	1 535
1979	929	771	-127	1 408
1980	-285	486	753	2 161
1981	-2 486	-2 000	2 034	4 195
1982	-3 601	-5 601	3 339	7 534
1983	-3 497	-9 098	3 482	11 016
1984	-1 671	-10 769	2 157	13 173
1985	-613	-11 382	1 764	14 937
1986	-123	-11 505	1 578	16 515
1987	2 636	-8 869	-1 517	14 998
1988	1 810	-7 059	-2 240	12 758
1989	-212	-7 271	1 442	14 200
1990	-870	-8 141	1 736	15 936
1991	-4 183	-12 324	4 334	20 270
1992	-2 167	-14 491	2 088	22 358
1993	-2 991	-17 482	-633	21 725
1994	-4 520	-22 002	4 367	26 092
1995	-8 644	-30 646	7 643	33 735

第5章 产业结构变迁与汇率制度选择之间关系的内在机理

续 表

年份	经常账户余额	经常账户累计余额	资本与金融账户余额	资本与金融账户累计余额
1996	-4 462	-35 108	9 477	43 212
1997	-5 935	-41 043	2 198	45 410
1998	9 529	-31 514	-2 550	42 860
1999	12 606	-18 908	-6 619	36 241
2000	8 410	-10 498	-6 280	29 961
2001	7 290	-3 208	-3 890	26 071
2002	7 190	3 982	-3 140	22 931
2003	13 380	17 362	-3 200	19 731

资料来源:《国际统计年鉴》1970—2006年各期。

(单位:百万美元)

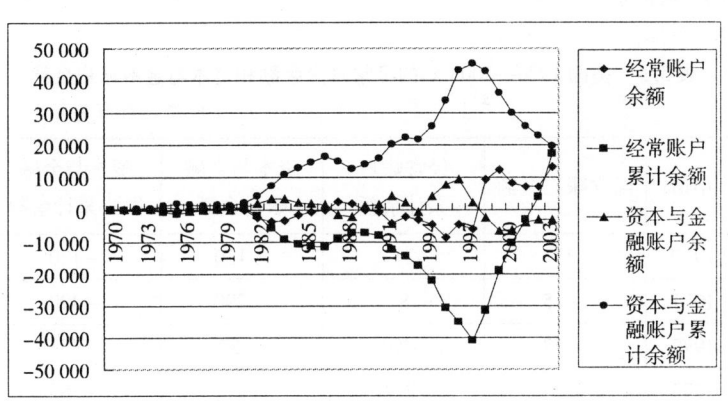

图5.5 马来西亚1970—2003年经常账户余额和资本与金融账户余额

从泰国和马来西亚的数据中可以看到,在20世纪70年代中后期到1997年之间,两个国家的资本与金融账户的累计余额先是逐渐增大,到了90年代中期以后又迅速扩张。经常账户累计余额的绝对值和资本与金融账户累计余额绝对值几乎相等，但符号相反。在1997年亚洲金融危机以后，资本与金融账户累计余额开始下降，经常账户累计余额开始上升，并大有逆转为正数的趋势。

从1997年亚洲金融危机的发生过程来说，如果资本与金融账户的累计余额低于经常账户的累计余额，则毫无疑问，金融危机的力度和破坏能力都会小得多。

在1997年以后，无论造成资本与金融账户累计余额减少的原因是什么，但总归来说，资本与金融账户的累计余额已经开始减少，而经常账户的累计余额已经开始增加，经常账户对资本与金融账户的预算约束作用开始显现。

3. 以美国为例

以下是美国1970年至2003年的经常账户余额和资本与金融账户余额。

表5.5　美国1970—2003年的经常账户余额和资本与金融账户余额

（单位：百万美元）

年份	经常账户余额	经常账户累计余额	资本与金融账户余额	资本与金融账户累计余额
1970	23	23	-130	-130
1971	-15	8	-290	-420
1972	-58	-50	-53	-473
1973	71	21	-112	-585
1974	20	41	-109	-694
1975	181	222	-231	-925
1976	42	264	-147	-1 072

第 5 章 产业结构变迁与汇率制度选择之间关系的内在机理

续 表

年份	经常账户余额	经常账户累计余额	资本与金融账户余额	资本与金融账户累计余额
1977	-145	119	-205	-1 277
1978	-154	-35	-165	-1 442
1979	2	-33	134	-1 308
1980	23	-10	-102	-1 410
1981	51	41	-63	-1 473
1982	-114	-73	134	-1 339
1983	-445	-518	404	-935
1984	-997	-1 515	1 004	69
1985	-1 254	-2 769	1 312	1 381
1986	1 511	-1 258	-1 849	-468
1987	-1 671	-2 929	1 102	634
1988	-1 283	-4 212	920	1 554
1989	-1 029	-5 241	1 198	2 752
1990	-76 900	-8 2141	55 900	58 652
1991	-69	-82 210	-149	58 503
1992	-51 810	-134 020	100 470	158 973
1993	-85 290	-219 310	82 190	241 163
1994	-121 690	-341 000	130 420	371 583
1995	-109 500	-450 500	123 500	495 083
1996	-123 300	-573 800	151 800	646 883
1997	-140 500	-714 300	269 400	916 283
1998	-217 100	-931 400	154 200	1 070 483
1999	-331 500	-1 262 900	311 100	1 381 583

续 表

年份	经常账户余额	经常账户累计余额	资本与金融账户余额	资本与金融账户累计余额
2000	-444 690	-1 707 590	444 260	1 825 843
2001	-393 390	-2 100 980	387 620	2 213 463
2002	-480 860	-2 581 840	530 390	2 743 853
2003	-530 660	-3 112 500	541 160	3 285 013

资料来源：《国际统计年鉴》1970—2006 年各期。

（单位：百万美元）

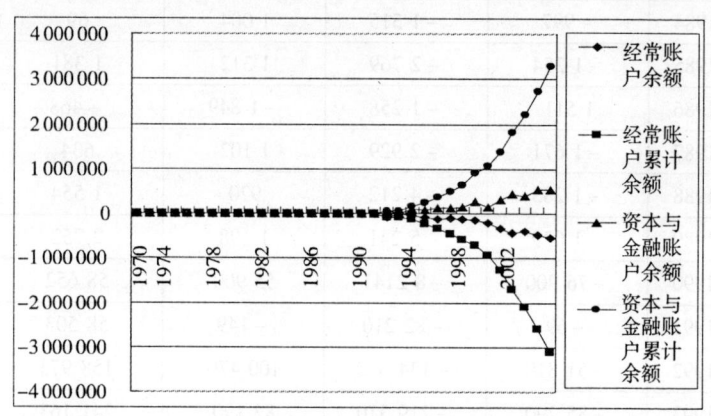

图 5.6 美国 1970—2003 年经常账户余额和资本与金融账户余额

美国在 20 世纪 90 年代中期以前，资本与金融账户与经常账户的偏离并不明显，然而，之后，美国的资本与金融账户累计余额急剧扩张，而经常账户累计余额急剧负向增加。但是由于美元具有世界货币的功能，美国不会像发展中国家一样出现货币错配现象，所以，只要美元作为世界货币的功能不变，美国爆发债务

第5章 产业结构变迁与汇率制度选择之间关系的内在机理

危机的可能性就非常小,从而,爆发由债务危机而引发金融危机的可能性也非常小。

4. 以中国和韩国为例

以下是中国和韩国 1970 年至 2003 年的经常账户余额和资本与金融账户余额。

表 5.6 中国 1985—2005 年的经常账户余额和资本与金融账户余额

(单位:百万美元)

年份	经常账户余额	经常账户累计余额	资本与金融账户余额	资本与金融账户累计余额
1985	-11 417	-11 417	8 972	8 972
1986	-7 035	-18 452	5 944	14 916
1987	300	-18 152	6 002	20 918
1988	-3 803	-21 955	7 132	28 050
1989	-4 317	-26 272	3 724	31 774
1990	11 997	-14 275	3 255	35 029
1991	13 270	-1 005	8 032	43 061
1992	6 401	5 396	-251	42 810
1993	-11 903	-6 507	23 474	66 284
1994	7 658	1 151	32 644	98 928
1995	1 618	2 769	38 675	137 603
1996	7 242	10 011	39 967	177 570
1997	36 962	46 973	21 015	198 585

续 表

年份	经常账户余额	经常账户累计余额	资本与金融账户余额	资本与金融账户累计余额
1998	31 471	78 444	-6 321	192 264
1999	21 114	99 558	5 180	197 444
2000	20 519	120 077	1 922	199 366
2001	17 405	137 482	34 775	234 141
2002	35 421	172 903	32 291	266 432
2003	45 875	218 778	52 726	319 158
2004	68 659	287 437	110 660	429 818
2005	160 818	448 255	62 964	492 782

资料来源：中国国家外汇管理局。

（单位：百万美元）

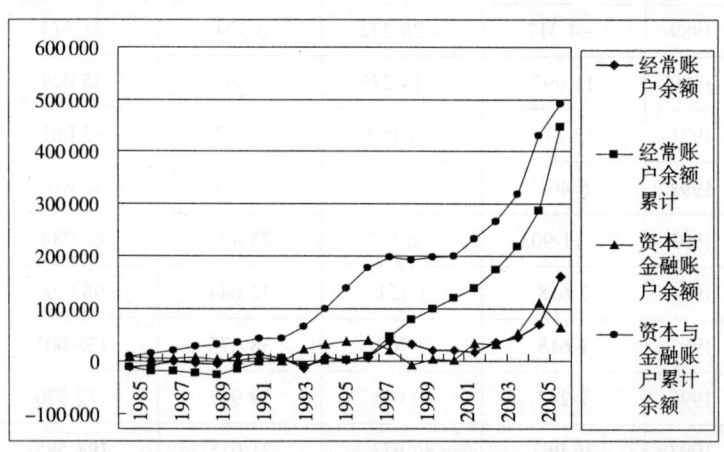

图 5.7 中国 1985—2005 年经常账户余额和资本与金融账户余额

第5章 产业结构变迁与汇率制度选择之间关系的内在机理

表5.7 韩国1970—2003年的经常账户余额和资本与金融账户余额

(单位:百万美元)

年份	经常账户余额	经常账户累计余额	资本与金融账户余额	资本与金融账户累计余额
1970	-623	-623	671	671
1971	-848	-1 471	888	1 559
1972	-368	-1 839	509	2 068
1973	-306	-2 145	656	2 724
1974	-2 026	-4 171	1 855	4 579
1975	-1 889	-6 060	2 254	6 833
1976	-310	-6 370	1 623	8 456
1977	12	-6 358	1 358	9 814
1978	-1 085	-7 443	1 816	11 630
1979	-4 151	-11 594	5 025	16 655
1980	-5 321	-16 915	5 632	22 287
1981	-4 646	-21 561	4 317	26 604
1982	-2 650	-24 211	2 655	29 259
1983	-1 606	-25 817	1 370	30 629
1984	-1 372	-27 189	1 932	32 561
1985	-887	-28 076	1 079	33 640
1986	4 617	-23 459	-4 540	29 100
1987	9 854	-13 605	-7 750	21 350
1988	14 161	556	-4 845	16 505
1989	5 056	5 612	-1 936	14 569
1990	-2 003	3 609	5 169	19 738
1991	-8 726	-5 117	7 578	27 316
1992	-3 944	-9 061	2 863	30 179

续 表

年份	经常账户余额	经常账户累计余额	资本与金融账户余额	资本与金融账户累计余额
1993	990	-8 071	-267	29 912
1994	-3 867	-11 938	5 683	35 595
1995	-8 507	-20 445	20 962	56 557
1996	-23 006	-43 451	23 973	80 530
1997	-8 167	-51 618	-8 925	71 605
1998	40 365	-11 253	-13 697	57 908
1999	24 477	13 224	1 113	59 021
2000	12 240	25 464	12 110	71 131
2001	8 620	34 084	2 100	73 231
2002	6 090	40 174	1 520	74 751
2003	12 320	52 494	13 130	87 881

资料来源:《国际统计年鉴》1970—2006 年各期。

(单位:百万美元)

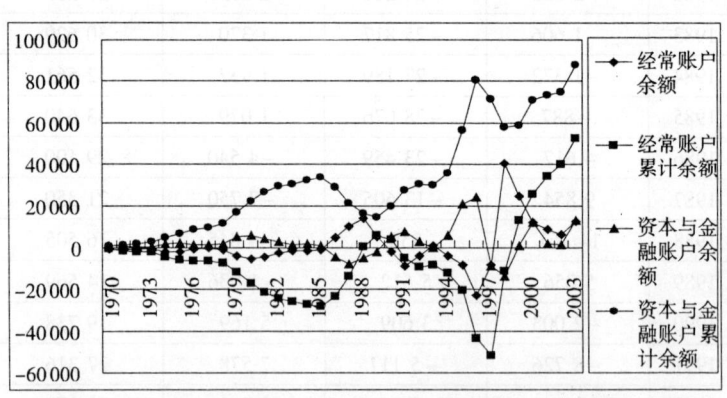

图 5.8 韩国 1970—2003 年经常账户余额和资本与金融账户余额

第5章 产业结构变迁与汇率制度选择之间关系的内在机理

从中国和韩国的数据可以看出，中国的资本与金融账户累计余额尽管也在大幅增加，但经常账户累计余额同样在大幅增加，并且经常账户累计余额与资本与金融账户累计余额的差额并不大，虽然经常账户累计余额小于资本与金融账户的累计余额。所以，在中国，由于外资撤离而在短时间内导致外汇储备枯竭的现象几乎难以发生。韩国和中国的情况基本相似。

以上的案例，美国代表其货币具有世界货币职能的国家；巴西和阿根廷代表爆发了严重债务危机的拉美国家和一些发展中国家；泰国和马来西亚代表了爆发金融危机的发展中国家；韩国和中国代表了在预算约束之下没有爆发债务危机和金融危机的国家。

5.2.3 小　结

综合以上分析可见，对于本国货币可以作为世界货币的国家来说，其资本与金融账户产生的国际收支余额和由经常账户产生的国际收支余额可以出现各种各样的组合。但对于本国货币不可能作为世界货币的国家，其资本与金融账户产生的国际收支余额和由经常账户产生的国际收支余额的组合只可能出现在上述的第1、2、3、4、6、9、11、12、14种组合中，而且从长期来看，第2、4、6、14种组合可能会导致货币危机的发生，第1和11种组合只有在没有外来冲击的情况下才是较为理想的状态。"货币错配"和"期限错配"的危险程度在"原罪论"中已经有过详细论述。那么，对于发展中国家来说，第3、9和12种组合才可能是最优选择。

毫无疑问，发展中国家的货币不可能作为世界货币，那么，对于发展中国家来说，最优选择就是第3、9和12种组合——由经常账户产生的国际收支为正，由资本与金融账户产生的国际收支为正、负或零，由经常账户产生的国际收支顺差可以弥补由资

· 115 ·

本与金融账户产生债务和国际收支逆差,而且尚有盈余。显然,在上述三种情况下,资本与金融账户实际上是在看经常账户的脸色行事,经常账户是基础,资本与金融账户可以出现正、负或者是零,但经常账户一定要保证资本与金融账户产生的债务和国际收支逆差,脱离开经常项目,资本与金融账户就是无源之水。那么,从长期来看,对于发展中国家,经常项目就绝对是影响汇率制度选择的主导因素。资本与金融账户对汇率制度有所影响,但绝不是主要因素,也不是长期因素,然而,在短期内,它却是在确定均衡汇率水平过程中不容忽略的因素,忽略或错误地对待资本与金融账户则必然会受到类似于金融危机式的报复,但过高地估计资本与金融账户对汇率制度选择的影响,所遭受的报复可能有过之而无不及。

那么,经常账户余额是由什么因素所决定呢?一国的进出口商品余额又是由什么因素所决定呢?

5.3 主导产业更替对进出口产品结构的影响

国家之间贸易原因和结构的研究,是一个经典的课题。现有理论(包括相关理论)主要有:绝对利益学说、比较优势理论、特定要素模型、要素比例理论、规模经济理论、雁行产业发展形态说和产品循环说。前五个理论是相对静态意义上的、就一国的资源禀赋对贸易结构的阐述;后两个理论是动态意义上的、从产业转移的角度对贸易结构进行的部分解释。

5.3.1 对相对静态国际贸易理论的简单评述

相对静态国际贸易理论遵循由绝对到相对、由单一要素到多要素的历史演变过程。

第5章 产业结构变迁与汇率制度选择之间关系的内在机理

亚当·斯密①（1776）在《国富论》中提出了分工理论，进而提出了被后人称为绝对利益学说的国际分工和国际贸易理论。绝对利益学说的基本思想是：一个国家生产某种商品的绝对成本低于其他国家，便形成国际分工，这个国家就能从这种商品的出口中受益。对绝对利益学说普遍的质疑是：如果一个国家所有产品的成本都高于另外一个国家，是不是这个国家就要退出世界贸易领域？

出于保护资本家的利益，大卫·李嘉图②（1817）提出了比较优势理论。比较优势理论认为，一个国家并不一定非得具有绝对优势才能够形成出口，只要生产某种产品的相对成本较低，就可以形成比较优势，进而就可以参与国际贸易，并从国际贸易中获益。

李嘉图运用两个国家（本国和外国），两种产品和一种生产要素（劳动），说明了两国之间的进出口结构取决于各自生产的产品的比较优势，由比较优势形成国际分工。尽管很少有经济学家认为李嘉图模型对世界贸易的起因和结果作了完全适当的描述，但是，生产率差异在国际贸易中扮演着重要角色，以及在国际贸易中比较优势的作用要优于绝对优势却是不容置疑的。

保罗·萨缪尔森和罗纳德·琼斯的特定要素模型突破了李嘉图只有一种生产要素的假设，认为存在劳动以外的生产要素，而且这种生产要素是特定的，只能被用于某些特定产品。该模型假定一个国家生产两种产品，劳动供给可以在两个部门间进行配置。分析结果认为，贸易使出口部门特定要素的所有者受益，使与进口产品竞争部门特定要素的所有者受损，对流动要素所有者

---

① 亚当·斯密. 国富论 [M]. 北京：华夏出版社，2005年.
② 大卫·李嘉图. 政治经济学及赋税原理 [M]. 北京：华夏出版社，2005年.

的影响不确定。①

用各国之间的资源差异来解释国际贸易原因的学说,是国际经济学中最具影响力的理论之一。这一理论是由瑞典经济学家伊莱·赫克歇尔和贝蒂尔·俄林提出的,因此通常称为赫克歇尔—俄林理论。由于这一理论强调了不同生产要素在不同国家的资源中所占的比例和它们在不同产品的生产投入中所占的比例,以及这二者之间的相互作用,所以又称之为要素比例理论或要素禀赋理论。②

要素比例理论假设:本国和外国的消费倾向相同,因此在面对同样的相对价格时,他们对两种产品的相对需求一致;它们的生产技术水平相同,投入同样的两种要素,两国的两种产品的产出相同。两国之间的唯一区别是两国所拥有的要素比例不同。据此得出的一般性结论是:各国倾向于出口国内充裕资源密集型的产品。

在很长时期内,要素比例理论得到了人们的认可。但到了20世纪50年代,里昂惕夫③(1953)对美国1947年的贸易数据进行分析后发现,美国出口产品的资本密集程度要低于其进口产品的资本密集程度。美国在出口劳动密集型产品,进口资本密集型产品。按照要素比例理论,美国作为一个资本相对充裕,劳动力相对稀缺的国家,应当出口资本密集型产品,进口劳动密集型产品。这个悖论被称为"里昂惕夫之谜"。

---

① 克鲁格曼,国际经济学(第五版)[M]. 北京:中国人民大学出版社,2006年。
② 克鲁格曼,国际经济学(第五版)[M]. 北京:中国人民大学出版社,2006年。
③ Leontief, Wassily, 1953, "Domestic Production and Foreign Trade: The American Capital Position Re-examined," Proceedings of the American Philosophical Society, 97, 9.

第5章 产业结构变迁与汇率制度选择之间关系的内在机理

对于"里昂惕夫之谜"的争论至今也没有定论。Vanek[①]（1968）将两要素模型扩展到多要素模型，在贸易结构分析中纳入了其他要素作为新的解释因素；Leamer[②]（1980）证明：当一个国家资本密集型商品出口与劳动密集型商品的出口都为顺差时，比较净出口商品的资本劳动比与国内消费品的资本劳动比，才能够说明该国的要素禀赋结构。Leamer重新利用美国1947年的进出口数据进行了测算，结果表明美国该年净出口商品的资本劳动比大于国内消费品的资本劳动比，符合要素禀赋理论；Trefler[③]（1995）将技术要素引入要素禀赋理论，认为各国的技术差异和要素禀赋共同影响一国的贸易结构；Davis and Weinstein[④]（2001）选取1985年前后OECD等20个国家34个部门的数据，引入技术矩阵，证明了引入技术变量改进之后要素禀赋理论的有效性，可以解释发展中国家与发达国家之间的贸易结构，也可以解释发达国家之间的贸易结构。

20世纪60年代以来，产业内贸易迅速兴起，无论是比较优势理论还是要素比例理论都无法作出合理的解释，美国经济学家保罗·克鲁格曼在1980年创立了国际贸易中的规模经济理论。该理论放松了规模报酬不变的假设，强调规模递增和不完全竞争，其核心思想是：产业内贸易主要来源于规模递增形成的国际分工，而不是要素禀赋之间的差异，一国倾向于出口本国较大市

---

① Vanek, Jaroslav. "The Factor Proportions Theory: The N - Factor Case", Kyklos, 1968, 21.

② Leamer, Edward E. "The Leontief Paradox, Reconsidered", Journal of Political Economy, 1980, 3.

③ Trefler, Daniel. "The Case of the Missing Trade and Other Mysteries", American Economic Review, 1995, 5.

④ Davis, D. and David Weinstein (2001), "Do Factor Endowments Matter for North - North Trade?" NBER Working Paper8516, 2001, 10.

场的产品，进口本国市场较小的产品。①

上述关于国际贸易的理论和见解，是国际贸易中的主流思想，然而，尽管这些理论可以解释大多数的国际贸易，但无论在理论上还是在实证上，都还难以令人满意，理论同现实之间还有很大误差。公认的造成理论与现实之间差异的原因不外以下几点：

第一，模型的设定过于简单。如在讨论要素价格相等化时假设：两个国家同时生产两种相同的产品；两国的技术水平相同；贸易使两个国家的产品价格相等；

第二，模型的设定与现实之间存在较大差距。如在要素禀赋理论中，认为各国要素是等质的，但在现实世界中，不同国家之间的劳动生产率、资本生产率，甚至土地的生产率，都可能存在较大差距；

第三，没有考虑到众多其他因素的影响。如汇率和汇率制度变动的影响等等。

5.3.2 对"雁行产业发展形态说"和"产品循环说"的阐释

雁行产业发展形态说②是日本的赤松要从日本棉纺织工业的发展史中发现的。19世纪60年代末到70年代初，开放了门户的日本，西方棉纺织产品大量涌入，这样就迅速开拓了日本棉纺织产品市场，将近代技术和低工资成本相结合的日本棉纺织工业应运而生，并且规模不断扩大。当日本的棉纺织工业的规模达到了一定的程度，规模经济充分发挥，生产成本迅速下降，棉纺织产品获得了价格上的国际竞争力，出口也快速增加。

上述进口、国内生产和出口的进展过程，在图形上像三只飞

---

① 克鲁格曼. 国际经济学（第五版）[M]. 北京：中国人民大学出版社，2006年.

② 参看芮明杰. 产业经济学 [M]. 上海：上海财经大学出版社，2005年.

第5章 产业结构变迁与汇率制度选择之间关系的内在机理

翔的大雁,故将上述过程称为"雁行产业发展形态"。第一只雁是进口浪潮,逐渐增加,而后减少;第二只雁是国内生产浪潮,逐渐增加,而后较为平稳;第三只雁是出口浪潮,也是逐渐增加,而后较为平稳。图5.9是雁行形态模式的图示。

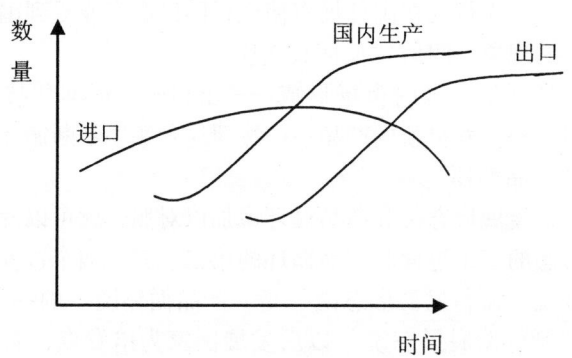

图5.9 赤松要的"雁行形态模式"

在许多产业结构理论的著述中,都用"雁行产业发展形态说"来表达后发工业国实现工业化、重工业化和高加工度化的过程。

产品循环说 ① 由麻省理工学院的跨国企业问题专家弗农(R. vernon)提出来。弗农的目的是总结国际贸易对于像美国这样高度发达的工业先行国的工业结构的影响。弗农的出发点同赤松要不同,他以本国工业开发的新产品在市场上的出现为出发点。

所谓"产品循环"表现为以下若干过程:从新产品问世、扩大市场直至饱和,这是第一个过程;而后这一产品将出口到国外,开拓国外市场,这是第二个过程;随着国外市场的形成,便

---

① 参看芮明杰. 产业经济学 [M]. 上海:上海财经大学出版社,2005年.

有资本和技术的出口，促成资本和技术与当地的廉价劳动力和其他资源的结合，这是第三个过程；国外生产能力的形成，又会使这种产品以更低的价格打回到本国市场，开发了新产品的工业先行国不得不放弃这种产品的生产而去开发更新的产品，这是第四个过程。由于先行国在国外投资使先行国已有产业受到国外竞争压力威胁的现象，叫做"反回头效应"。

新产品开发、国内市场形成——出口——资本和技术出口——进口——开发更新的产品……按照这种顺序不断循环，就是所谓的"产品循环"。

把雁行发展形态说和产品循环说加以对照，就可以发现，雁行发展形态的三个过程和产品循环的第二、三、四个过程是一致的。应该说"雁行发展形态说"是"产品循环说"的一个部分，只不过"雁行发展形态说"以后发展国家为出发点，而"产品循环"说以先行国为出发点。

江小涓[①]（2007）认为："比较优势、国内产业基础和市场结构、参与全球分工程度是决定一国贸易增长和贸易结构的三类主要因素。""雁行发展形态说"和"产品循环说"在国际贸易中的地位远没有前述理论那么重要，但是，如果能够将产品循环理论和前述理论相结合，考察主导产业在不同发展程度国家之间的更替和变迁，进而对一个国家在特定时期的主要出口产品进行探讨，可能会更好地解释一国的出口结构问题。

---

① 江小涓. 我国出口商品结构的决定因素和变化趋势 [J]. 经济研究，2007 年第 5 期：4—16 页.

第5章 产业结构变迁与汇率制度选择之间关系的内在机理

5.3.3 世界主导产业更替过程中的贸易结构转换——以纺织产业为例

纵观世界主要产品的发展历史①,世界主导产业大致经历和正在经历着以下的变迁过程:农业——纺织工业——化工产业和机器制造业——钢铁工业——汽车工业和房地产业——电子工业和家电业——信息产业。

在工业经济之前,毫无疑问,世界性主导产业是农业,从历史跨度来说,农业作为各国主导产业的时间是最长的。但从近代来看,由于各国已经相继进入工业化时代,所有的发展中国家无一例外地将农业作为传统经济部门的代名词而成为现代经济的改造对象,所以,在这里仅对农业在美国作为主导产业的时期稍加说明。

从农业作为美国主导产业的历史过程中可以发现,主导产业的成本在逐渐下降,会逐渐形成价格上的比较优势,进而成为这一国家的主要出口产品,这一点从后面对纺织工业的分析中可以更为清楚地了解。

不可否认,正是农业孕育了纺织工业。纺织工业最早在英国产生,之后,传入欧美国家。18世纪,工业革命首先发生在纺织产业中,先后出现了飞梭织布机、珍妮纺织机、水利纺纱机、水利织布机、净棉机、漂白机和蒸汽机。纺织工业直接带动了机器制造工业和化工产业的发展,并进一步促进了纺织工业生产效

---

① 参看 Angus Msddison 著,吴晓鹰,徐宪春等译,世界经济千年史[M]. 北京:北京大学出版社,2003年;刘伟,工业化进程中的产业结构研究[M]. 北京:中国人民大学出版社,1995年;林平编著,汽车史话(汽车发展史)[M]. 北京:电子工业出版社,2005年;刘淑兰,英国产业革命史[M]. 长春:吉林人民出版社,1982年;周新生,产业兴衰论[M]. 西安:西北大学出版社,2000年,等著作。

率的提高。用机器制造机器,用机器采煤、炼钢等行业随之兴起,机器制造业直接导致了钢铁产业的大发展,反过来,钢铁工业又推动了机器制造业的规模、质量和生产率的提高。正是随着钢铁工业的崛起,汽车工业有了长足的发展。随后,汽车工业的发展促进了航空航天工业的发展,航天航空工业促进了通信技术的发展,通信技术的发展促进了电子工业和家用电器的发展,电子工业的发展又促进了信息产业的发展。

房地产产业有着不同于其他产业的特点。房地产属于不可贸易产品,根据巴拉萨——斯缪尔逊效应,房地产产业对进出口的影响主要表现在关联效应上,并不会直接参与进出口。所以,在本文的研究过程中暂时不考虑它的影响。

除农业和房地产产业以外,其他产业都经历和正在经历着由发达国家向次发达国家再向发展中国家转移的更替过程。例如:纺织工业和钢铁工业作为主导产业经历了由英国、美国、欧洲、日本、韩国和南美,再到中国的更替过程;汽车虽然发源于英国,但大规模生产却出现在美国,汽车工业作为主导产业经历了由美国、西欧、日本和韩国的更替过程;家电产业作为主导产业经历了由欧美、日本、韩国、南美和中国的更替过程;信息产业作为主导产业也正在经历着由欧美、日韩、南美、印度、中国、东南亚的更替过程。

以钢铁工业为例,通过对钢铁工业世界格局的演变,可以描绘出钢铁工业的国际转移路线。

从钢铁工业移出国来看,当本国钢铁工业达到鼎盛时期,也就是钢铁工业向外转移之际。我国冶金部统计资料[①]显示,19世纪60年代以前,英国是当时世界上的钢铁强国,之后,英国的工业化基本完成,钢铁工业逐渐向美国和德国转移。尤其是美

---

① 国外钢铁工业统计。

第5章 产业结构变迁与汇率制度选择之间关系的内在机理

国,从19世纪90年代到20世纪70年代,钢产量一直居世界第一位;第二次世界大战以后,美国的钢铁工业开始向日本转移。20世纪80年代,日本钢产量已占据世界钢产量的第一位。再之后,日本的钢铁工业开始向中国和韩国转移。[①]

表5.8 各国钢铁产量占世界钢铁产量的百分比

年份	英国	美国	德国	法国	俄/苏联	日本	中国	韩国
1875	37.84	20.84	19.53	13.47	0.68	0.05	—	—
1880	29.91	28.80	14.18	8.84	7.00	0.05	—	—
1890	29.32	35.05	17.44	5.65	3.05	0.02	—	—
1900	17.47	36.32	23.32	5.49	7.76	0.00	—	—
1910	10.70	43.82	22.64	5.64	5.69	0.01	—	—
1920	12.71	59.05	11.78	3.73	0.22	1.12	—	—
1930	7.84	43.53	12.12	9.94	6.06	2.41	—	—
1940	9.28	42.79	13.48	3.11	13.38	4.83	—	—
1950	8.74	46.41	7.07	4.57	14.42	2.56	0.32	—
1960	7.12	25.99	10.92	4.99	18.84	6.39	5.38	0.01
1970	4.76	20.09	8.43	4.00	19.51	15.71	2.99	0.08
1980	1.58	14.17	7.14	3.24	20.67	15.56	5.18	2.02
1990	2.14	11.65	4.99	2.47	20.00	14.33	8.62	3.18
2000	1.79	12.02	5.47	2.47	11.64	12.57	15.17	5.09

资料来源:转引自韩爽、李凯:钢铁工业国际转移问题研究,东北大学学报,2005年第9期。

[①] 参看韩爽,李凯.钢铁工业国际转移问题研究[J].东北大学学报,2005年第9期.

从以上论述可以看出：

1. 前一主导产业的充分发展为后一主导产业提供相应的技术和物质支持。

2. 后一主导产业的产生和发展又促进前一主导产业在生产效率、生产规模和产品质量上的进一步提高。

3. 世界性主导产业的产生和发展与生产技术和科技创新能力的提高相互促进，主导产业的更替更可能是环环相扣的一个过程。

4. 一般来说，主导产业首先在欧美等发达市场经济国家产生，之后，传入日本①、南美和韩国等次发达国家，再之后，传入中国等发展中国家。在一个国家内部，主导产业也有成长、成熟和衰落的过程，符合弗农的"产品循环说"和赤松要的"雁行产业发展形态说"。

5. 主导产业进入成熟期以后，在一国的国民生产总值和出口产品中，主导产业产品占比较大。

主导产业更替遵循了产品循环说，在主导产业更替的过程中影响了一国的主要进出口产品的商品结构和数量结构，这种现象有它的内在机理。以下将以纺织产业为例详加说明。

早在工场手工业时期，毛纺织业就在英国经济中占据着中心地位。从1733年飞梭织布机的发明、1765年珍妮纺织机的问世，到1769年的水力纺纱机、1765年的水力织布机和1785年实际运用的蒸汽机，以及随之出现的净棉机、梳棉机、漂白机、染整机等等，在英国的棉纺织工厂里首先出现了世界上前所未见的复杂分工的机器体系，使棉纺织工业迅速发展。

从英国出口商品的结构看，1820年，英国出口的纺织产品

---

① 一般认为日本是一个发达国家，但很难找出哪一个主导产业是在日本开始萌芽的。

第5章 产业结构变迁与汇率制度选择之间关系的内在机理

（包括棉、毛、麻、丝织品）占其出口总额的 59.35%。到 1832 年，全世界所有棉纺织工厂的棉纺锭数有 69.2% 集中在英国的工厂里。这种格局经过 100 年左右的时间，仍然变化不大。1913 年和 1924 年，英国的棉纺织品出口值仍然高居英国出口贸易结构的第一位，分别占 24.2% 和 24.9%（如果加上羊毛产品则 1913 年为 30.3%，1924 年为 33%），高出占第二位比重的钢、铁产品（1913 年为 10.5%）和煤炭（1924 年为 9.3%）1~2 倍以上。[①]

1760—1840 年英国的"工业革命"完成以后，棉纺织工业的巨大技术创新和制度创新优势，迅速地传导到整个英国经济体系中，直接引发和带动了英国的机器制造业、钢铁工业、煤炭工业和运输业（尤其是航运和铁路）的大规模技术创新和飞速发展。

纺织工业在英国的兴起符合产品循环说的第一个阶段。工业革命后的英国迅速崛起，纺织工业的横向和纵向关联效应又进一步加强了英国在世界上的经济地位。

纺织工业产生之初，英国有着巨大的技术优势，同时，在英国内部，资金也大量流向这一产业，规模经济逐渐显现，成本也在不断下降。从英国国内来看，纺织产业在这一时期符合比较优势理论、特定要素理论和规模经济理论；从全世界来看，英国纺织工业成本的不断下降，致使其相同质量产品的价格也低于其他国家，符合绝对优势理论。从而，在时点上符合出口贸易的条件，英国出口大量纺织产品也就不足为奇了。

1868 年明治维新之后，日本开始进入工业化过程。棉纺织业成为私人投资的中心产业，1887—1890 年间，日本纺织业的

---

① 以上数字转引自刘伟. 工业化进程中的产业结构研究 [M]. 北京：中国人民大学出版社，1995 年.

· 127 ·

投资差不多占全国各部门企业投资总额的40%，到1900年，日本纺织工业的企业数占全国工厂总数的73%，机器设备（以马力数计算）的46%，职工总数的67%；1914年，日本的纺织工业占其工业总产值的43.7%，而金属、机器制造、电力和煤气、化学工业4个部门加在一起只占24.2%。1930年日本的纺织工业在其整个制造业中所占比重为：职工人数的51%，产值构成的36%，出口额的64%。在第二次世界大战后的1950年，纺织工业仍然占日本全部制造业产值的24.0%，1955占全部工业销售额的32.28%，而钢铁工业只占17.76%，机械工业只占16.92%。①

显而易见，纺织工业在日本工业化过程开始到20世纪50年代中期以前（除去战争时期），一直发挥着主导产业的作用。

纺织工业由发达国家转入日本，符合"产品循环说"的第二个阶段和"雁行产业发展模式"的第一个阶段。纺织工业在发达国家已经处于饱和状态，开始向次发达国家转移，发达国家的主导产业开始转入钢铁工业。此时，发达国家的纺织工业技术也开始向次发达国家转移。在纺织工业中，发达国家已经不再具有特定要素优势——技术优势，相反，次发达国家由于劳动力成本较低，劳动力的特定要素优势和资源禀赋优势开始显现，随着纺织产品在次发达国家的规模逐渐扩大，规模经济开始显现，成本开始下降，纺织产品逐渐在次发达国家中具有比较优势地位，次发达国家开始大规模出口纺织产品。发达国家开始进口纺织产品，并出口第二梯度产品——钢铁产品。

由于发达国家纺织工业的后向关联效应，发达国家的钢铁工业、汽车工业、化学工业在纺织工业的中、后期时代已经开始发

---

① 以上数字转引自刘伟．工业化进程中的产业结构研究［M］．北京：中国人民大学出版社，1995年．

第5章 产业结构变迁与汇率制度选择之间关系的内在机理

展壮大,并逐渐取代纺织工业而成为发达国家的主导产业。那么,在发达国家,此时的资金和技术也开始从纺织工业向钢铁工业、汽车工业和化学工业移动,相应的,发达国家的比较优势、资源禀赋和规模经济也转移到了这些后起的主导产业上。如同纺织工业作为主导产业的时期一样,发达国家开始向世界各国出口钢铁、汽车和化工产品。

纺织工业从发达国家向次发达国家的转移过程,不仅仅是产品和技术的转移,随同纺织工业一起转移的还有比较优势、资源禀赋和规模经济。不同的是,纺织工业在发达国家产生之初的特定要素是技术,而后是资本,在次发达国家产生之初的特定要素是资本,而后是劳动力。

韩国从20世纪初开始就为日本所占领,并被日本殖民统治当局用以集中发展农业,以向日本提供食品。1920年以前,几乎没有什么工业发展。直到1955年,其国民生产总值结构中,工业制造业只占7.9%,商品和非要素性劳务出口只占1.4%,几乎没有工业制造业产品的出口。

1953年,韩国工业结构中,以工业附加值计算,纺织工业所占比重开始上升为19.3%,1957上升为25.1%,此后的40多年,纺织工业(包括棉、丝、毛、化纤及服装)始终保持高速增长势头,1962—1966年,年均增长10.6%,1967—1971年,年均增长22.8%,70年代竟高达40%,并在韩国出口商品中一直占据1/3以上的比重。

巴西虽然早在1822年就脱离葡萄牙的殖民统治而宣告独立,但在长达100多年的时期里,巴西只是为英国工业提供原料和初级加工产品,诸如咖啡、橡胶、砂糖、可可等。咖啡在巴西的出口商品总额中占据一半以上的比重。但到了1950年,在巴西制造业结构中(以附加价值计算),纺织工业竟然占到了23.9%。1960年、1970年纺织工业比重分别降为15.6%和12.6%,但是，在这一时期，仍然高于任何其他制造业部门所占的比重。直到1974年，冶金工业和化学工业（含石油加工）比重才分别上升为第一位（14.4%）和第二位（11.2%）。①

改革开放以后，纺织工业一直是我国工业化进程中不可缺少的支柱产业。1997年之前，"我国纺织工业年产值占全国工业总产值的15%；国内市场的纺织品和服装零售额约占全国消费品零售额的16%；纺织品出口额约占全国出口商品总额的30%，净创汇累计达1 600亿美元，居全国各行业之首"。"过去垄断世界纺织品出口的西方发达国家已经成为纺织品的主销市场。如美国几乎所有的纺织品都需要进口，1995年其净进口纺织品和服装额达231亿美元，其次是德国为143亿美元，排第三至第五位的是法国、英国和日本。"②（许晖，1998）

纺织产品由次发达国家向发展中国家的转移过程，与产品循环说的第二个阶段和"雁行产业发展模式"的第一个阶段相类似。纺织工业在次发达国家已经处于饱和状态，并且生产技术已经变得相对简单，从而，在发展中国家更低的劳动成本的吸引下，开始向发展中国家转移。次发达国家又开始从发达国家引入新的产业。此时，次发达国家已经不再具有特定要素优势，相反，发展中国家由于劳动力成本较低，劳动力的特定要素优势和资源禀赋优势开始显现，随着纺织产品在发展中国家的规模逐渐增加，规模经济开始显现，成本开始下降，纺织产品逐渐在发展中国家具有了比较优势地位，发展中国家出口纺织产品到发达和次发达国家。

通过以上分析，可以得出以下结论：

---

① 以上数字转引自刘伟．工业化进程中的产业结构研究［M］．北京：中国人民大学出版社，1995．

② 许晖．我国纺织工业发展战略研究［J］．南开经济研究，1998年第1期．

第5章 产业结构变迁与汇率制度选择之间关系的内在机理

第一,绝对优势理论、比较优势理论、特定要素模型、要素比例理论和规模经济理论是相对静态意义上的时点理论,它们所揭示的一国的进出口商品实际上是某种特定要素和资源禀赋(如技术、资本和劳动力等)的载体,一个国家实际上是在出口本国的充裕要素,进口本国的稀缺要素。

第二,世界性的可贸易主导产业的更替遵循"产品循环说",首先在发达国家产生,当在发达国家发展到一定程度以后,会向次发达国家转移,之后,在次发达国家发展到一定程度以后,又会向发展中国家转移。

第三,可贸易主导产业的更替过程不仅是产品和技术的转移过程,也是特定要素和资源禀赋的转换过程。主导产业在发达国家产生之初,其特定要素是技术和资本,之后,当这一产业转移到次发达国家以后,其特定要素转换为资本和劳动力,同时,发达国家的特定要素(技术和资本)开始向下一个主导产业转移。主导产业从次发达国家向发展中国家的转移遵循了相似的过程。

第四,动态时间上的产业更替决定了静态时点上的特定要素、资源禀赋和比较优势所附着的产品的更替,进而,一国的主要进出口商品也就遵循了世界性主导产业的更替而交替转换。

根据产品生命周期理论,可贸易的主导产业在世界范围内遵循从发达国家向次发达国家再向发展中国家转移的过程,主导产业的改变决定了一个国家主要的进出口产品。毋庸置疑,发展中国家的主导产业比发达国家要低级,处于世界主导产业产业链的低端,其比较优势项目在于低端产品,出口产品结构相对较低。发达国家的主导产业相对于发展中国家要高级,处于世界主导产业产业链的高端,其比较优势项目在于高端产品,出口产品结构相对较高。那么,对于发展中国家来说,其出口产品已经经过了充分发展,在国际市场上面临已经成熟的发达国家厂商和其他发展中国家的竞争。"发展中国家的出口产品已进入成熟阶段,以产品低附加值的劳动密集型为主,市场上的供大于求,大多数产品面临近似完全竞争。"①(崔津渡、李诚邦,2006)。而发达国家由于产业结构水平较高,其主导产业处于领先地位,从而其比较优势项目在于高级产品,出口产品结构相对较高,出口产品处于发展阶段,以产品高附加值的技术密集型为主,市场上的需求大于供给,大多数产品面临完全垄断、近似完全垄断或垄断竞争。这样,发展中国家所出口的产品在发达国家的需求弹性较小,而发达国家所出口的产品在发展中国家的需求弹性就较大。

5.4 基于两个极端国家的汇率制度选择模型

根据以上分析,一个国家主要的进出口商品结构由主导产业所决定,并且在汇率制度的选择过程中,经常账户居于主导地位。以下将以一个极端的发展中国家——其所有的出口产品都面临完全竞争市场和一个极端的发达国家——其所有的出口产品都面临垄断市场、近似完全垄断或者垄断竞争的市场为假设条件建立汇率制度选择的模型。

5.4.1 模型的假设条件

1. 假设世界上只有两个国家:A 国和 B 国。A 国是一个处于发展初期的极端不发达国家;B 国是一个极端发达国家,且国内市场足够大。

2. 根据上文分析,主导产业决定了一个国家主要的进出口商品结构,假设无论 A 国还是 B 国,其出口的产品是且仅是本国的主导产业产品,A 国向 B 国出口的所有产品都面临完全竞争

---

① 崔津渡,李诚邦,中国对外贸易条件:1995—2005 年状况分析[J]. 国际经济合作,2006 年第 4 期。

第5章 产业结构变迁与汇率制度选择之间关系的内在机理

市场；B国向A国出口的所有产品在A国都具有完全垄断、近似完全垄断或者垄断竞争实力。

3. A国的主导产业处于世界产业链的底端，已经是成熟产业，在A国国内市场上，主导产业产品面临的也是完全竞争市场。A国的非主导产业在A国国内可能是垄断竞争，但非主导产业不占主导地位，其生产规模较小，出口数量较少，对B国的出口结构影响较小。

4. 由于A国的出口产品在B国面临的是一个完全竞争市场，所以A国的出口厂商在B国的市场上只是价格接受者，难以对B国相同产品的价格产生影响。

5. 在汇率制度选择过程中，只考虑经常项目，不考虑资本与金融项目。

6. 无论在A国还是B国，厂商的目标都是以本国货币表示的利润最大化。

7. B国作为一个极端发达国家，其货币具有世界货币功能①，从而B国货币不可能钉住其他货币。那么，就A国和B国来说，在汇率制度选择中，A国处于主动地位，有自主选择汇率制度的先决条件，而B国则处于被动地位。

8. B国货币具有世界货币功能，从而B国对其他国家货币的需求不强烈。

9. A国的外汇支出用I^*来表示；A国的外汇收入用I来表示。在不考虑资本与金融账户的情况下，A国的外汇支出即为B国的出口收入。同时，由于A国货币得不到国际市场的认可，A国必须保有一定的外汇储备数量，即：$I - I^* \geq 0$。在预算约束下，外汇收入必定大于外汇支出，A国外汇支出的数量受制于外汇收入的数量，并且外汇储备有蓄水池的作用。

---

① 如现实中的美国。

5.4.2 A 国出口厂商和政府的行为分析

设 A 国的出口厂商生产一单位产品的平均生产成本为 c；出口的中间费用与生产成本成正比，比例系数为 ω，这里的中间费用是指包括运费、进出口关税、保险费等从产品生产出来到出口到国外消费者手中所花费的由出口所引致的所有费用；国内销售产品的成本利润加成率为 μ；国内销售数量为 Q；国内产品价格为 p；出口产品的成本利润加成率为 μ^*；出口数量为 Q^*；国外产品价格为 p^*；以 A 国作为本国的直接标价法下的汇率为 e。则：

A 国出口商在国内销售的产品必然存在：

$$cQ + cQ\mu = pQ \tag{5.10}$$

$$\mu = \frac{p}{c} - 1 \tag{5.11}$$

出口商出口销售的产品必然存在：

$$cQ^* + cQ^*\overline{\omega} + cQ^*\mu^* = ep^*Q^* \tag{5.12}$$

$$\mu^* = \frac{ep^*}{c} - 1 - \overline{\omega} \tag{5.13}$$

由于出口厂商只是国外相同产品价格的接收者，故 p^* 不受出口厂商的意志所支配，所以，出口产品的成本利润加成率受制于汇率（e）和中间费用率（$\overline{\omega}$）。

运输费用、保险费用和进出口关税共同影响着中间费用率（$\overline{\omega}$）。实际上，在许多国家，除了一些稀缺商品以外，大部分出口产品的实际出口关税税率为零或负数，即是说，国家对出口产品进行了免税、退税，甚至隐性补贴。此外，在可预期的将来，除非科技水平有较大突破，运输费用和保险费用难以有所降低。同时，根据 WTO 的宗旨，进口关税也在逐渐降低。即是说，中间费用对出口产品利润的影响是有限度的，或者说，在中间费用

第5章 产业结构变迁与汇率制度选择之间关系的内在机理

难以再有所降低的情况下,对利润的影响是固定的。为了分析上的方便,假设ϖ为零,则上式可改写为:

$$\mu^* = \frac{ep^*}{c} - 1 \qquad (5.14)$$

这样,生产厂商在国内销售的成本利润加成率和在国内销售的成本利润加成率之差为:

$$\mu^* - \mu = \frac{ep^* - p}{c} \qquad (5.15)$$

国外和国内销售的利润加成率取决于ep^*和p之差。

当 $\dfrac{ep^*}{p} > 1$ 时,$\mu^* > \mu$

当 $\dfrac{ep^*}{p} < 1$ 时,$\mu^* < \mu$

基于A在国内部,出口厂商所面对的供给市场(包括劳动力市场和原材料市场)的不同,可以分为两种情况进行讨论:

1. 在A国的发展初期,由于内部劳动力剩余,这些出口厂商在国内所面对的原材料市场和劳动力市场也近似于一个完全竞争市场,出口厂商生产产品的边际成本恒定不变。

2. 在A国经过一定的发展阶段以后,已经达到或者接近于充分就业状态,出口厂商购买原材料和劳动力的边际成本递增。

在第一种情况下,出口厂商的边际成本不变。在固定成本的作用下平均成本(AC)递减,但递减的幅度逐渐减少,当销售量增加到一定程度以后,平均成本(AC)与边际成本MC之间的差额足够小,为了分析上的方便,以下假定平均成本曲线(AC)和边际成本曲线(MC)重合。如图5.10所示。

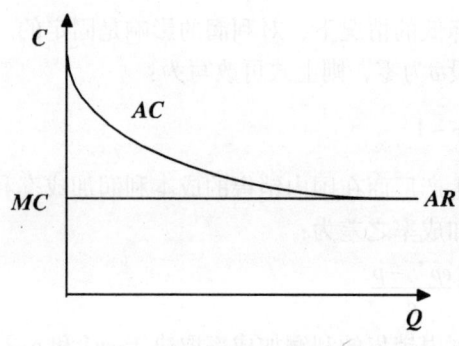

图 5.10

由于出口厂商在国内市场上也面临完全竞争，在完全竞争状态下，生产厂商的利润为零，所以，国内市场的价格就肯定是 MC 或 AC。这样，平均收益（AR）曲线、平均成本（AC）曲线和边际成本（MC）曲线三者合一。

在非充分就业状态下，发展中国家的劳动力市场和原材料市场近似于一个完全竞争市场，所以边际（平均）成本 MC（AC）已经被压制到了很低的水平，可以简单地认为，边际（平均）成本曲线 MC（AC）已经难以再向下移动。这样，就排除了出口厂商压低生产成本增加利润的可能。则：

（1）在浮动汇率制度且 A 国只有一种主导产业的条件下[①]，由市场自主决定的汇率[②]e_0 不可能小于 $\dfrac{p}{p^*}$。如果 $e_0 < \dfrac{p}{p^*}$，则 $p^* e_0 < p$，出口厂商会减少出口，增加国内销售，外汇收入减少，本币贬值，直至 $e_0 = \dfrac{p}{p^*}$。

---

① 根据前文的假设条件 2，在 A 国只有一种主导产业的条件下，其出口产品就肯定是这种主导产业，出口产品价格就肯定是这种主导产业品的价格。

② 以下简称均衡汇率。

第5章 产业结构变迁与汇率制度选择之间关系的内在机理

e_0 也不可能大于 $\dfrac{p}{p^*}$。如果 $e_0 > \dfrac{p}{p^*}$,则 $p^* e_0 > p$,出口厂商会增加出口,外汇收入增加,本币升值,直至 $e_0 = \dfrac{p}{p^*}$。

可见,如果 A 国处于非充分就业状态,且只有一种主导产业,在浮动汇率制度条件下,均衡汇率由 A 国出口主导产业产品的国内和国外的价格共同决定,必然有 $e_0 = \dfrac{p}{p^*}$,如图 5.11 所示,这种主导产业表现为:$p = MC = AC = AR = p^* e$。

(2) 在浮动汇率制度,且 A 国有 n 种主导产业条件下,设第 1 种主导产业产品的国内、外价格比率为 $\dfrac{p_1}{p_1^*} = e_1$,第 2 种主导产业产品的国内、外价格比率为 $\dfrac{p_2}{p_2^*} = e_2$,以此类推,第 n 种主导产业产品的国内、外价格比率为 $\dfrac{p_n}{p_n^*} = e_n$,假定 $e_1 > e_3 > \cdots > e_n$,则均衡汇率 e_0 不可能大于 e_1。假定均衡汇率大于 e_1,即:$e_0 > e_1$,则有:

$$e_0 \times p_1^* > p_1, e_0 \times p_2^* > p_2, \cdots, e_0 \times p_n^* > p_n, \qquad (5.16)$$

这时,由于处于非充分就业状态下,厂商可以无限制地扩大生产规模,所有主导产业产品都会扩大生产规模,增加出口,取得超额利润,导致本币升值,均衡汇率 e_0 减小。当均衡汇率 e_0 减小到小于 e_1 时($e_0 < e_1$),第一种主导产业退出出口贸易领域。

同理,均衡汇率 e_0 不可能大于 e_2。

……

同理,均衡汇率 e_0 不可能大于 e_n。

均衡汇率 e_0 也不可能小于 e_n,如果小于 e_n,则不会有任何主导产业产品出口,本币就会升值。

最终，只有一种主导产业产品出口——第 n 种主导产业，且均衡汇率水平由国内、外价格比率最小的主导产业——第 n 种主导产业所确定，均衡汇率水平 $e_0 = e_n = \dfrac{p_n}{p_n^*}$。

（3）在固定汇率制度且只有一种主导产业条件下。政府对汇率的确定必然不会低于 $\dfrac{p}{p^*}$，否则，主导产业的出口数量为零。

此时，发展中国家出口厂商由出口产生的超额利润完全取决于出口国家的汇率水平。汇率水平越高，单个厂商出口商品的平均收益曲线 AR 与边际（平均）成本曲线 MC（AC）之间的距离越大，出口厂商的出口盈利水平越高，由汇率决定的超额利润越多；反之，汇率水平越低，单个出口厂商出口商品的平均收益曲线 AR 与边际（平均成本）成本曲线 MC（AC）之间的距离越小，出口厂商的出口盈利水平也就越低，由汇率决定的超额利润越少。如图 5.11 所示。

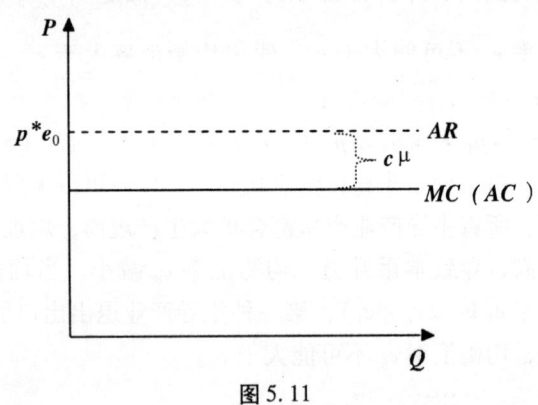

图 5.11

当政府所确定的汇率水平大于 $\dfrac{p}{p^*}$ 时。由于在完全竞争市场上生产厂商的利润为零，而 A 国政府通过对汇率的提高使出口

第5章 产业结构变迁与汇率制度选择之间关系的内在机理

厂商在国外市场上取得超额利润（国内市场上，在价格为 p 时，这种主导产业产品的生产厂商的利润为零；国外市场上，在价格为 p^*，汇率为 $\dfrac{p}{p^*}$ 时，这种主导产业产品的生产厂商的利润为零），则出口厂商会无限制地扩大生产，直到国内达到充分就业状态，边际成本上升为汇率和 p^* 的乘积。

（4）在固定汇率制度，有 n 种主导产业条件下。仍然假设第 1 种主导产业产品的国内、外价格比率为 $\dfrac{p_1}{p_1^*} = e_1$，第 2 种主导产业产品的国内、外价格比率为 $\dfrac{p_2}{p_2^*} = e_2$，$\cdots$，第 n 种主导产业产品的国内、外价格比率为 $\dfrac{p_n}{p_n^*} = e_n$，且 $e_1 > e_2 > \cdots > e_n$。则政府所确定的"均衡汇率水平（e_0）"必然大于 e_n，否则，主导产业的出口数量为零。e_0 可选择大于 e_n 的任何一点，即：$e_0 \in [e_n, \infty]$；

当 $e_0 \in [e_n, e_{n-1}]$ 时，只有第 n 种主导产业的产品才能出口，第 1，$\cdots$，$(n-1)$ 种主导产业的产品只能在国内市场销售；

当 $e_0 \in [e_{n-1}, e_{n-2}]$ 时，第 $n-1$，n 种主导产业的产品可以出口，第 1，$\cdots$，$(n-2)$ 种主导产业的产品只能在国内市场销售；

……

当 $e_0 \in [e_1, \infty]$ 时，所有主导产业的产品都可以出口。

在现实社会中，如果 e_0 太大，出口厂商的超额利润会非常丰厚，在高额利润驱动下，出口厂商的出口数量会快速增加，国内就业增加，在外需的拉动下，最终达到充分就业状态，边际成本开始上升。

可见，由于在非充分就业状态下，任何一个可以从出口商品过程中取得超额利润的厂商都可以无限地扩大出口。从而，在只有一种主导产业且浮动汇率制度条件下,汇率水平由这种主导产业的国内外价格比例所确定,导致出口厂商难以取得超额利润,这样,在其他条件不变的情况下,社会从非充分就业状态向充分就业状态下的转化就需要一个漫长的过程,而在固定汇率条件下,政府通过对汇率水平的确定就可以较快地达到充分就业状态。

在存在多种主导产业且实行浮动汇率制度条件下,由于国内价格和国外价格相比最小的主导产业通过出口所取得的超额利润最高,所以,在理想状态下,其最终会通过汇率水平的降低将其他主导产业逐出出口领域,而取得在本国的出口垄断地位,导致本国的出口产品单一性。与此不同的是,在存在多种主导产业且实行固定汇率制度条件下,政府对汇率水平的确定必然处于国内价格和国外价格比值最小的主导产业的国内价格与国外价格之比值到无穷大之间,这样,本国的出口商品的主导产业数量就取决于政府对汇率水平的确定,所确定的汇率水平越高,则出口商品所包含的主导产业数量就越多,反之,所确定的汇率水平越低,出口商品所包含的主导产业数量就越少。那么,对国来说,汇率水平的确定,或者说对汇率制度的安排,就会影响到经济增长、外汇储备数量和产业结构的调整。

在第二种情况下,不同于第一种情况的是发展中国家的劳动力市场已经出现或接近于充分就业状态,出口厂商的边际成本出现递增。同样,发展中国家的出口厂商在发达国家的市场上只是一个价格接受者。出口厂商的利润最大化表现为边际成本等于边际收益。由于出口产品所面对的是一个完全竞争市场,出口厂商只是国外价格的接受者,所以,在国外市场上,出口厂商的边际收益曲线与平均收益曲线重合。

出口厂商在国内市场上的边际成本 MC,在国外市场上的边际成本为 $MC+c\overline{\omega}$,由于在前面假设 $\overline{\omega}=0$,所以,在国外市场上的边际成本也可以近似地认为是 MC。

第5章 产业结构变迁与汇率制度选择之间关系的内在机理

则出口商的利润最大化表现为：

在国内市场上：$P = MC$；

在国外市场上：$ep^* = MC$。

（1）在浮动汇率制度且只有一种主导产业的情况下，汇率不可能低于 $\dfrac{p}{p^*}$，但有可能高于 $\dfrac{p}{p^*}$。

如果汇率水平低于 $\dfrac{p}{p^*}$，则这种主导产业的产品出口利润为负，出口数量为零，最终导致本币贬值。

此时，汇率水平的确定取决于 A 国对外汇的需求数量和这种主导产业的边际成本。

如图 5.12 所示，此时，以本币表示的外汇供给为：

$S = p^* e_0 Q_1$。

设以本币表示的外汇需求为 D，则以本币表示的外汇供给与外汇需求均衡表现为：

$$p^* e_0 Q_1 = D \tag{5.17}$$

即：$$e_0 = \dfrac{D}{p^* Q_1} \tag{5.18}$$

可见，均衡汇率 e_0 取决于外汇需求 D 和这种主导产业的出口数量 Q_1，而出口数量 Q_1 取决于出口企业的边际成本，边际成本曲线越陡峭则均衡汇率 e_0 的值越大，反之，边际成本曲线越平缓则均衡汇率 e_0 的值越小。

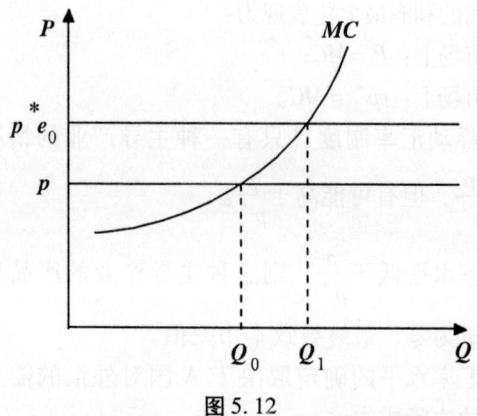

图 5.12

(2) 在浮动汇率制度且有 n 种主导产业条件下。假设：对于第 1 种主导产业产品有 $\frac{p_1}{p_1^*}=e_1$；对于第 2 种主导产业产品有 $\frac{p_2}{p_2^*}$，…，对于第 n 种主导产业产品有 $\frac{p_n}{p_n^*}=e_n$，假定 $e_1>e_2>\cdots>e_n$，则均衡汇率 e_0 不可能小于 e_n。如果均衡汇率小于 e_n，即：$e_0<e_n$，则有：

$$e_0\times p_1^*<p_1,\ e_0\times p_2^*<p_2,\ \cdots,\ e_0\times p_n^*<p_n \quad (5.19)$$

这时，由于所有主导产业产品出口得到的利润都小于在国内销售得到的利润，所以都会停止出口，导致本币贬值，均衡汇率 e_0 增大。

此时，均衡汇率 e_0 应大于 e_n，但均衡汇率 e_0 具体应为多少则取决于 A 国对外汇的需求数量和这些主导产业的边际成本。

假设均衡汇率 e_0 介于第 n 种主导产业的国内外价格之比和第 $n-1$ 种主导产业的国内外价格之比之间，即：$e_n<e_0<e_{n-1}$，则说明，由第 n 种主导产业产品出口可以满足国内对外汇的需求数量；

第5章 产业结构变迁与汇率制度选择之间关系的内在机理

同理,假设均衡汇率 e_0 介于第 $n-1$ 种主导产业的国内外价格之比和第 $n-2$ 种主导产业的国内外价格之比之间,即:$e_{n-1} < e_0 < e_{n-2}$,则说明,由第 n,$n-1$ 种主导产业产品出口可以满足国内对外汇的需求数量;

……

同理,假设均衡汇率 e_0 大于第 1 种主导产业的国内外价格之比,则说明,只有所有的主导产业产品都出口才可以满足国内对外汇的需求数量。

这些主导产业产品的边际成本曲线越平缓则均衡汇率 e_0 的值越小;反之,这些主导产业产品的边际成本曲线越陡峭则均衡汇率 e_0 的值就越大。均衡汇率 e_0 取决于这些主导产业的边际成本和 A 国对外汇的需求数量。

(3)在固定汇率制度且只有一种主导产业条件下。设 $e_0 = \frac{p}{p^*}$,政府对汇率的确定当然不会低于 $\frac{p}{p^*}$,否则,主导产业的出口数量为零。政府对汇率水平的确定也不可能小于在浮动汇率制度条件下的汇率水平,如果政府所确定的汇率水平小于在浮动汇率制度条件下的汇率水平,则外汇收入难以满足对外汇的需求,汇率水平必然上升。设政府所确定的汇率水平为 e_1,如图 5.13 所示。由于在完全竞争市场上生产厂商的利润为零,而 A 国政府通过对汇率的提高使出口厂商在国外市场上取得超额利润(国内市场上,在价格为 p 时,这种主导产业产品的生产厂商的利润为零)。则在汇率水平 e_1 既大于 $\frac{p}{p^*}$,又大于在浮动汇率制度条件下的汇率水平 e_1 时,政府对汇率水平 e_1 的值确定得越大,则出口厂商所取得的超额利润越多,反之,政府对汇率水平的值确定得越小,则出口厂商所取得的超额利润越少。如果说这种主导产业产品的生产技术已经非常成熟,那么这种主导产业产品的生产成本就难以再有所降低。则政府对汇率 e_1 的确定就必然体现为政府对外汇的需求数量和对这种主导产业所持有的鼓励或者限制的态度。

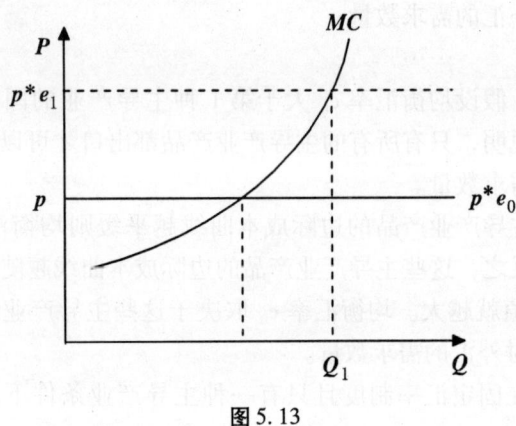

图 5.13

(4) 在固定汇率制度有 n 种主导产业条件下。仍然假设：对于第 1 种主导产业产品有 $\frac{p_1}{p_1^*} = e_1$；对于第 2 种主导产业产品有 $\frac{p_2}{p_2^*} = e_2$，…，对于第 n 种主导产业产品有 $\frac{p_n}{p_n^*} = e_1 > e_2 > \cdots > e_n$，假定，同理，政府所确定的"均衡汇率水平（$e_0$）"必须大于 e_n，否则，主导产业的出口数量为零。e_0 可选择大于 e_n 的任何一点，即：

$$e_0 \in [e_n, \infty] \tag{5.20}$$

设：$e_0 \in [e_n, e_{n-1}]$，则只有第 n 种主导产业产品才可以出口，这种主导产业的生产厂商从出口中取得超额利润；

设：$e_0 \in [e_{n-1}, e_{n-2}]$，则第 n 和 $n-1$ 种主导产业产品可以出口，这些主导产业产品的生产厂商从出口中取得超额利润；

……

第5章 产业结构变迁与汇率制度选择之间关系的内在机理

设：$e_0 \in [e_1, \infty)$，则所有主导产业产品都可以出口，并且所有主导产业产品的生产厂商都能够从出口中取得超额利润。

此时，政府对均衡汇率水平 e_0 的确定，必然不低于在浮动汇率制度条件下汇率水平，否则，作为一个整体，对外汇的需求数量大于外汇的供给数量，本币贬值，汇率上升。此时，政府所确定的汇率水平取决于 A 国作为一个整体对外汇的需求数量和政府对某些产业所持有的鼓励或者限制的态度。

通过对 A 国充分就业和非充分就业状态的对比可见：在充分就业状态并且实行浮动汇率制度条件下，汇率水平的确定取决于主导产业边际成本曲线的斜率和整个国家对外汇的需求数量；在充分就业状态并且实行固定汇率制度条件下，政府对汇率水平的确定取决于政府对某些主导产业鼓励或限制的态度和整个国家对外汇的需求数量，在固定汇率制度条件下，对汇率水平的确定可以作为产业政策的一个工具来使用。

通常认为，对于一个国家来说，国际贸易政策追求的是国际收支平衡。但对于发展中国家来说，在未达到发达水平之前，所追求的可能不是国际收支平衡，而是贸易顺差，其原因有三：

1. 取得外汇储备以引进先进技术。
2. 在金融市场逐渐开放的进程中增加外汇储备，以防范金融危机发生的可能。
3. 增加出口数量，扩大对国内产品的需求，以增加国内就业，促进经济增长。

如果发展中国家政府所追求的国际收支政策是增加外汇储备，则政府可以得到外汇储备量为：$I - I^*$，其中，$I = p^* Q$。

外汇储备数量的增减与出口数量和国外价格水平有关。当政府对国外价格水平 p^* 无能为力时，只能设法增加出口数量（Q）。

5.4.3 B国出口厂商的行为分析

由于B国产业结构高度发达,主导产业处于发展初期,在A国市场,这些主导产业面对的是完全垄断、近似完全垄断和垄断竞争市场。

发达国家出口厂商的平均收益和边际收益均以A国货币(以下简称本币)表示;边际成本用MC^*e表示,MC^*表示以外币表示的边际成本,汇率的改变影响B国出口商以本币表示的出口产品的边际成本。发达国家的出口商具有垄断势力,本币汇率的变动不会影响B国出口厂商以本币表示平均收益曲线和边际收益曲线,但本币汇率变动会导致以本币表示的B国出口厂商边际成本的等比例变动,本币升值,边际成本向下移动;本币贬值,边际成本向上移动,如图5.14所示。

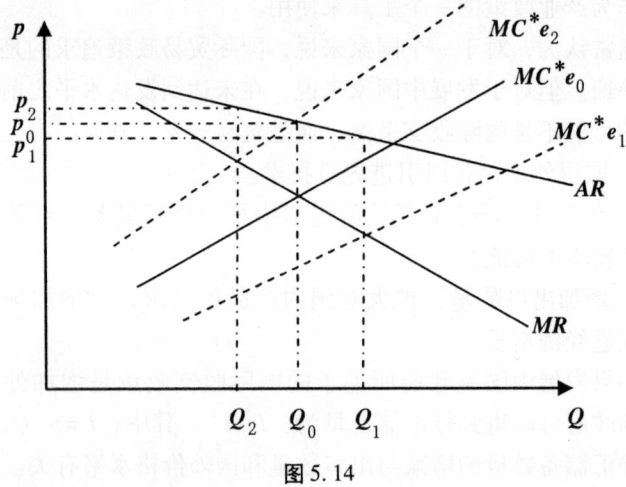

图 5.14

本币贬值,边际成本曲线由MC^*e_0上升到MC^*e_2。国外出口商出口数量由Q_0减少到Q_2,以本币表示的价格由p_0上升为

第 5 章 产业结构变迁与汇率制度选择之间关系的内在机理

p_2；本币升值，边际成本曲线由 MC^*e_0 下降到 MC^*e_1。国外出口商出口数量的增量空间为 $Q_1 - Q_0$，以本币表示的价格下降空间为 $p_0 - p_1$，销售数量的即时增加量和价格的即时减少率取决于出口商可以即时增加的出口产品数量，但较长时期内，价格下降为 p_1，销售数量增加为 Q_1。

根据 $p = \dfrac{MC^*e}{1 + (1/E_d)}$，当本币汇率发生变化时，国外出口厂商出口商品价格的改变量取决于边际成本、平均收益和边际收益曲线的斜率。边际成本的斜率取决于出口厂商所在国国内的就业状况，就业率越高则边际成本曲线的斜率越大，就业率越低则边际成本曲线的斜率越小；平均收益曲线和边际收益曲线的斜率大小受制于 B 国出口厂商在 A 国市场上的垄断势力，垄断势力越大则两条曲线的斜率越大，垄断势力越小则两条曲线的斜率越小。B 国的就业率越高、出口商的垄断势力越大，出口商的产品定价能力就越强，由于汇率变动对其边际成本的影响从而引起的利润变动就越小；反之，B 国的就业率越低、出口商的垄断势力越小，B 国出口商的产品定价能力就越弱，由于汇率变动对其边际成本的影响从而引起的利润变动就越大。本币升值导致出口厂商的出口收益增加，本币贬值导致出口厂商的出口收益减少。但总体上来说，由于垄断势力的存在，本币汇率的变动引起的国外出口厂商出口商品价格的变动率要小于汇率的变动率。

5.4.4 对汇率制度选择的判断

在国际金融市场上，引起汇率变动的原因多种多样，在本书中，并没有对汇率变动的原因进行充分解释，但可以肯定的是：在浮动汇率制度条件下，汇率的波动难以避免；在钉住式的固定汇率制度条件下，一国政府为本国货币确定了名义驻锚，在长期内名义驻锚可以变动。

1. 假设 A 国是一个发展初期没有达到充分就业状态的只有一种主导产业的小国。

如果实行浮动汇率制度,则长期均衡汇率 e_0 必然为这种主导产业的国内、外价格水平的比值,即:$e_0 = \frac{p}{p^*}$。在 $e_0 = \frac{p}{p^*}$ 时,出口厂商既可以在国内销售也可以在国外销售,所能够取得的超额利润为零。此时,出口厂商出口商品的动力不足,政府能够动用的外汇储备数量也难以保障。

如果实行钉住式的固定汇率制度,则政府对名义驻锚(e_0)的确定必然不会低于 $\frac{p}{p^*}$,否则出口数量为零。当 $e_0 = \frac{p}{p^*}$ 时,实行钉住式的固定汇率制度与实行浮动汇率制度没有区别;当 $e_0 > \frac{p}{p^*}$ 时,出口厂商取得超额利润,会增加出口数量,国内就业量上升,外汇收入增加,如果这种状态长时期持续下去,最终会达到充分就业状态,出口厂商的边际成本开始上升。在其他条件不变的情况下,在固定汇率制度条件下达到充分就业状态所需要的时间要小于在浮动汇率制度条件下达到充分就业状态的时间。

可见,无论是对于出口厂商还是对于政府来说,实行 $e_0 > \frac{p}{p^*}$ 的钉住式的固定汇率制度要优于浮动汇率制度。不可否认,出口厂商也是影响政府决策的一股重要力量。

2. 假设 A 国是一个发展到一定程度的达到充分就业状态的只有一种主导产业的小国。

如果实行浮动汇率制度,则长期均衡汇率 e_0 应该大于 $\frac{p}{p^*}$,但 e_0 的值具体为多少取决于对外汇的需求数量和这种主导产业产品边际成本曲线的斜率。如果实行固定汇率制度,则政府对汇率水平的确定必然不小于在浮动汇率制度条件下的汇率水平,汇

第5章 产业结构变迁与汇率制度选择之间关系的内在机理

率水平的确切数值取决于整个国家的外汇需求数量和政府对这种主导产业鼓励或者限制的态度,汇率政策可以作为调整产业政策的一个工具来使用。对于出口厂商来说,在固定汇率制度条件下所能够取得的以本币表示的超额利润要大于在浮动汇率制度条件下所能够取得的以本币表示的超额利润。

那么,无论是对政府还是对出口厂商来说,固定汇率制度就一定优于浮动汇率制度。

3. 假设A国是一个发展初期没有达到充分就业状态的有多种主导产业的国家。

如果实行浮动汇率制度,则长期均衡汇率 e_0 由国内、外价格比率最小的第 n 种主导产业所决定,并且只有第 n 种主导产业产品才可以出口,出口厂商从出口商品中取得的超额利润为零,会形成国内、外价格比率最小的主导产业一枝独秀的局面。

如果实行固定汇率制度,则政府可以通过对名义驻锚的设定,使出口厂商取得超额利润,并可以控制可出口主导产业的数量,政府有了通过控制汇率水平对某种主导产业进行发展或者限制的一定能力。

4. 假设A国是一个发展到一定程度的达到充分就业状态的有多种主导产业的大国。

如果实行浮动汇率制度,则长期均衡汇率 e_0 由国内的外汇需求数量和主导产业产品的边际成本曲线斜率所决定。

如果实行固定汇率制度,则政府可以通过对名义驻锚的设定,必然不低于浮动汇率制度条件下的汇率水平,并可以控制可出口主导产业的数量,政府有了通过控制汇率水平对某种主导产业进行发展或者限制的一定能力。同样,固定汇率制度也是政府和出口厂商共同的最优选择。

通过上述分析可以看出,发展中国家无论是在发展的初期,还是在发展到一定程度以后,由于产业结构的限制,出口商都难以在发达国家市场建立自己的垄断势力,他们可以得到的利润很大程度上是一种汇率收益,汇率的下降会影响到他们的生存状况,甚至会影响到他们的生存。那么,既得利益的出口商和潜在的出口商自然希望汇率升高,本币币值低估。

作为一个群体,出口商会通过各种方式影响政府的汇率决策,不可否认,他们是影响汇率制度选择的一股重要势力。既不希望汇率浮动,又希望汇率保持在较高水平上,钉住式的固定汇率制度和本币币值低估必然是他们的最优选择。

前已述及,在金融市场逐步开放条件下,出于防范金融危机的考虑,发展中国家政府的国际收支目标并不是外汇收支平衡,而是较高的外汇储备。在不考虑国际资本流动的条件下,发展中国家外汇储备的提升取决于出口商品的数量,而出口商品的数量又取决于汇率水平。汇率水平越高,出口商的数目和出口商品的数量也就越多;反之,汇率水平越低,出口商的数目和出口商品的数量也就越少,并且,出口商品的数量还受制于汇率波动,汇率波动的幅度越大,出口商所承担的破产风险也就越大。

如果发展中国家政府对本国的汇率制度选择和汇率水平的确有直接的干预能力,那么出于增加外汇储备和产业政策的考虑,对政府来说,最好的选择也是执行钉住式的固定汇率制度,并低估本币价值。

综上所述,在不考虑资本与金融项目的前提下,发展中国家的出口厂商和政府在汇率制度选择上有着高度的一致性。在政府对汇率制度选择具有决定性影响的条件下,钉住式的固定汇率制度并低估本币是一种最优选择,这种状况由发展中国家的产业结构水平所决定,在较短时期内难以有所改观。

第5章 产业结构变迁与汇率制度选择之间关系的内在机理

一些经济学家，如许少强 ①(1999)，将发展中国家之所以选择固定汇率制度的原因归结为这些国家缺乏完善的金融市场、外汇现汇市场和外汇远期市场。还有一些经济学家，如易纲 ② (2000)，他认为决定汇率制度的主要因素有：经济规模、人均国内生产总值、金融发展程度和经济开放程度等。

固然，这些都是发展中国家之所以选择固定汇率制度的重要原因，但是，在这些表象的背后，是更深刻的国与国之间经济发展水平的差异。对于发展中国家来说，无论处于哪一个发展阶段，也无论是大国还是小国，钉住式的固定汇率制度都是最优选择。

对于 B 国来说，汇率上升，其出口商的利润会减少，汇率下降，其出口商的利润会增加。那么，如果 A 国实行固定汇率制度，调高名义驻锚是 B 国出口厂商所不愿意看到的，但名义驻锚一旦确定，无论名义驻锚在何种水平，发达国家出口厂商总可以从垄断市场上取得超额利润，垄断势力越大，名义驻锚的改变对他们的影响越小。

发达国家对发展中国家汇率制度的指责，更多的是来自于发达国家政府和处于低端产业的厂商对来自于发展中国家竞争的不满，当发达国家内部就业状况不佳时，其政府希望发展中国家能够降低汇率减少出口，以增加其国内低端产业的就业人数。从之前的分析可以看出，如果放松国外价格水平不变的假设，在发展中国家实行浮动汇率制度条件下，发达国家低端产业的价格水平不会发生改变，但当发展中国家实行固定汇率制度时，在长期内将导致发达国家低端产业价格水平的降低，从而会引起发达国家

---

① 许少强. 二十世纪汇率制度变迁之回顾 [J]. 中国外汇管理，1999 年第 12 期.
② 易纲. 汇率制度的选择 [J]. 金融研究，2000 年第 9 期.

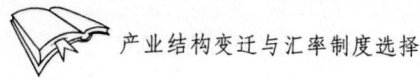

低端产业生产商的不满,进而对其本国政府施加压力。

5.5 产业结构变迁与汇率制度选择之间关系的理论模型

之前,运用两个极端国家(A国和B国)分析了主导产业更替与汇率制度选择之间的关系,如果有另外一个国家C国,C国的发展程度处于A国和B国之间,其主导产业处于世界主导产业链的中间,高于A国但低于B国。那么C国应该选择什么样的汇率制度呢?

假设C国刚好处于固定汇率制度向浮动汇率制度转化的拐点上,那么,拐点又如何确定呢?

通过对汇率制度与产业结构高度之间的Logistic回归分析,发现汇率制度与产业结构之间存在高度相关性。为了寻找产业结构与汇率制度之间关系的内在机理,在上文中,又分别论述了产业结构变迁与主导产业更替之间的关系和主导产业更替对一国进出口结构的影响,并就主导产业、进出口结构与汇率制度选择之间的关系进行了分析。

根据本章第一节和第三节的分析:主导产业更替由技术进步所内生决定,主导产业更替反过来又促进了技术进步;主导产业更替对产业结构变迁有着决定性的影响,产业结构变迁实际上是主导产业更替的表现形式;主导产业更替决定了进出口结构,而汇率制度安排又受制于一国的进出口结构。技术进步、主导产业更替、产业结构变迁、进出口结构和汇率制度选择之间的关系可用图5.15来表示。

第5章 产业结构变迁与汇率制度选择之间关系的内在机理

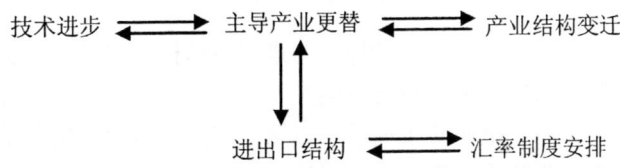

图 5.15 由技术进步到产业结构变迁和汇率制度安排的关系图

由上图可以看出，产业结构与汇率制度之间实际上并不存在直接关系，但它们由同一个变量——主导产业更替所决定，而主导产业更替又由技术进步所引起。归根结底，产业结构变迁和汇率制度都是由技术进步所决定，所以，产业结构和汇率制度之间表现的高度相关性也就不足为奇了。

由上图还可以看出，把汇率制度作为被解释变量，在解释变量的选取上，最直接的变量应该是进出口结构[①]，其次应该是主导产业更替，再次应该是技术进步，而最不应该选取的变量恰恰是产业结构，产业结构变迁过程不过是产业更替的一种表现形式。然而，无论是进出口结构、主导产业更替，还是技术进步，都存在衡量上的困难。

首先，进出口结构指的是进出口商品种类结构而不是进出口商品的数量结构，如果运用进出口结构对汇率制度选择进行分析，则只能从定性上说明而不能进行定量解释。

其次，把主导产业更替作为解释变量，存在和进出口结构作为解释变量同样的问题。

再次，技术进步本身就是一个隐性而非显性的不确定因素。

最后，由技术进步到产业结构变迁和汇率制度选择可能存在滞后，而滞后的时间难以在理论上把握，在实际上的衡量也存在

---

① 这可能也是很多经济学家在解释汇率制度选择时运用贸易依存度作为一个主要影响因素的原因。

困难。

那么，如果选择产业结构作为进出口结构、主导产业更替和技术进步的替代变量是否可行呢？

第一，产业结构易于衡量，以第三产业所占国民生产总值的比例作为产业结构高度的衡量指标已有定论，不存在定量分析上的困难。

第二，产业结构变迁和汇率制度安排的根源都在于技术进步，二者之间存在高度的相关性。

第三，产业结构变迁和汇率制度安排都是技术进步的最终变量，可能会更好地消除时滞的影响。

第四，技术进步存在突变的可能，而产业结构变迁是一个相对平滑的过程，作为汇率制度安排的解释变量可能会有更好的效果。

第五，技术进步、主导产业和主导产业更替都是长期的演进过程，在时点上难以与汇率制度安排相对应，而产业结构高度可以很好地解决这一问题。

综上所述，选择产业结构高度作为技术进步、主导产业更替和进出口结构的替代变量，来解释汇率制度安排在理论上和现实中可能都是较好的选择。

如果把汇率制度安排作为被解释变量，产业结构高度作为解释变量，在模型的构建上，应该以第三产业所占国民生产总值的比例作为自变量。而因变量——汇率制度的选取较为困难。理论上，外汇储备的变动幅度可以作为汇率制度的替代变量，根据蒙代尔—弗莱明模型，在固定汇率制度条件下，一国变动的是外汇储备数量；在浮动汇率制度条件下，汇率由市场决定，政府不会运用外汇储备干预外汇市场，外汇储备变动的频率和幅度都较小。那么，应该说，外汇储备变动的幅度和频度越高，越倾向于固定汇率制度，政府对汇率的干预成分要多于汇率自由浮动的成

第5章 产业结构变迁与汇率制度选择之间关系的内在机理

分;反之,外汇储备变动的幅度和频度越低,越倾向于浮动汇率制度,政府对汇率的干预成分要少于汇率自由浮动的成分。然而,在现实中,影响外汇储备变动的原因非常多,例如:资本与金融账户的变动;在浮动汇率制度条件下,汇率的变动对外汇储备的影响;国内外价格和生产成本的改变;外债数量的改变等等都会影响到外汇储备数量的变化。所以,用外汇储备波动的幅度和频度作为因变量在理论上可行,但在实际上难以把握。那么,在因变量的选取上,只能采取虚拟的成分,认为汇率制度安排由极端固定到自由浮动是一个平滑的固定成分逐渐减少和浮动成分逐渐增多的过程。这样,汇率制度安排和产业结构变迁之间的关系表现为:

$$y = f(x) + u \tag{5.21}$$

y 代表汇率制度安排;x 代表第三产业所占国民生产总值的比重;u 代表干扰项。至于 y 和 x 之间表现为线性还是非线性关系,需要首先对汇率制度中的"固定"成分和"浮动"成分进行测定,是一项极其庞大的工程,在本书中不打算作进一步探讨。

在此处,由于将汇率制度安排看做是由极端固定到自由浮动的一个平滑的固定成分逐渐减少和浮动成分逐渐增多的过程,所以,就不能简单地认为汇率制度之间相互转换的以产业结构高度衡量的"拐点"是一个确定的"点",而只能是一个区间,在这个区间内,固定成分占比有逐渐减少的趋势,浮动成分占比有逐渐增加的趋势。当然,如果浮动成分占比为100%,则实现了完全的自由浮动,但在现实中,好像还没有哪个国家能够做到对汇率变动完全地放任自流。

第6章 我国汇率制度选择与产业结构适配性

6.1 我国汇率制度的历史变迁过程

1949年以来，我国先后经历了频繁调整的钉住美元汇率制度（1949—1952）、基本保持固定的钉住美元汇率制度（1953—1972）、钉住一篮子货币的汇率制度（1973—1980）、官方汇率与贸易结算汇率并存的双重汇率制度（1981—1984）、官方汇率与外汇调剂汇率并存的双重汇率制度（1985—1993）、单一的钉住美元的汇率制度（1994—2004）和以市场供求为基础、参考一篮子货币进行调节、有管理的浮动汇率制度（2005至今）。

新中国成立初期，世界处于布雷顿森林体系当中，人民币不得不钉住作为关键货币的美元并不断调整币值以寻找合适的汇率水平。1953年，人民币汇率实行可调整的固定汇率制度，主要用于内部核算。20世纪70年代初，布雷顿森林体系崩溃，西方主要国家普遍实行浮动汇率制度，人民币放弃单一的钉住美元的汇率制度，改为钉住一篮子货币的汇率制度。

1981年起，人民币实行两种官方汇率：一方面继续保留对外公布的牌价用于非贸易结算；另一方面制定适用于外贸的内部结算价。1985年，取消内部结算价，恢复单一汇率，但由于外汇调剂市场的存在，仍然是官方汇率与外汇调剂汇率并存。

1994年1月，人民币实现汇率并轨，实行以市场供求为基

第6章 我国汇率制度选择与产业结构适配性

础的、单一的、有管理的浮动汇率制和银行结售汇制度。1997年亚洲金融危机以后，人民币受到了强烈的贬值压力，被迫偏离"有管理的浮动汇率制度"，演变成为实际上的"钉住美元的固定汇率制度"。

针对我国在亚洲金融危机中的得失，很多文献（如舒幼东[①]，2001）对人民币汇率的形成及实际上的固定汇率制度的利弊进行了讨论。冯用富[②]（2000）认为，该制度的设计无论是现在还是在中国金融进一步开放的背景下都有若干的缺陷，存在着汇率制度重新选择的问题。陈平、王曦[③]（2002）则认为："在我国，汇率制度的设计者试图综合固定和浮动汇率制度的优点，设计一套独创的结售汇体制及外汇市场运行的特殊规则。""不可否认，这种制度相对于原来的制度有了很重大的突破，但随着时间的推移，该制度的缺陷已日益凸现。""该制度安排的实际运行效果与设计者的初衷大相径庭。"经济学界诸多的学者持有与陈平和王曦相似的观点，如孙兆斌[④]（2002）认为："中美之间不具有通货区理论所要求的内部条件，固定汇率从较长期来看是无法维持的。"在汇率制度改革过程中，"应该根据条件的完备程度，对汇率制度进行适当的微调，逐步向最终目标靠近，以避免汇率制度跳跃性改革对经济体系造成过大的冲击"。谷书

---

① 舒幼东. 市场化与人民币汇率的有管理浮动 [J]. 金融研究, 2001年第2期.

② 冯用富. 中国进一步开放中汇率制度选择的方向 [J]. 金融研究, 2000年第7期.

③ 陈平, 王曦. 人民币的非均衡分析与汇率制度的宏观效率 [J]. 经济研究, 2002年第3期.

④ 孙兆斌. 汇率制度选择与金融危机 [J]. 国际金融研究, 2002年第2期.

堂①（1999）也认为：“从总体趋势上看，中国外汇制度的改革方向是逐步放弃固定汇率制度，转向浮动汇率制度。”

面对由亚洲货币危机引起的要求对我国现行汇率制度进行改革的言论，也有学者认为汇率制度的改革不应操之过急。如周宇②（2002）就认为：“货币危机主要起因于汇率政策与宏观经济政策之间的失调，基于这一事实，预防货币危机的根本之策，不在于选用何种汇率制度，而在于如何保持各种经济政策与汇率政策的协调，如何获得支撑其汇率政策的良好的宏观经济环境。"易纲③（2000）更是认为：“发展中国家在实现货币完全可兑换之前，是不可能有真正意义上的市场汇率的。""一般而言，对于资本账户未开放的国家，无论名义上采取何种汇率制度，事实上它都将收敛于固定汇率制度。"丁剑平④（2002）认为"人民币汇率制度的改革不是整个经济改革中的一个'刚性'阶段，而是作为'水到渠成'的一个环节。"

加入 WTO 后，对外贸易超速增长，要求人民币升值并改变人民币汇率制度的呼声剧增，2003 年 6 月和 7 月美国财政部长斯诺和美联储主席格林斯潘先后公开发表谈话，希望人民币选择更加灵活的汇率制度。此时，经济学家大多对人民币升值持反对态度，蒙代尔和麦金农是人民币升值论的坚决反对者⑤，认为人民币钉住美元的汇率制度是合理的，采用浮动汇率制度会导致人民

---

① 谷书堂. 社会主义经济学通论 [M]. 北京：高等教育出版社，1999 年.

② 周宇. 金融危机与汇率制度选择 [J]. 世界经济研究，2002 年第 5 期.

③ 易纲. 汇率制度选择 [J]. 金融研究，2000 年第 9 期.

④ 丁剑平. 人民币汇率制度的选择与调整空间的思考 [J]. 国际金融研究，2002 年第 5 期.

⑤ 李杨，余维彬. 人民币汇率制度改革：回归有管理的浮动 [J]. 经济研究，2005 年第 8 期.

第6章 我国汇率制度选择与产业结构适配性

币不断升值,从而陷入严重的通货紧缩。克鲁格曼认为人民币应改变钉住汇率制,并应大幅升值。威廉姆森认为人民币应该把与美元挂钩转变为与包含有3个主要货币的一篮子货币挂钩,人民币与货币篮子中各种货币的汇率可以适当变动,但要保持对每一种货币汇率的改变都很小,以避免强烈的投机压力,为人民币汇率的自由浮动做准备。国内学者关于人民币汇率制度也同样有两种观点,但大多数经济学家认为人民币汇率目前应保持稳定,张礼卿、周宁、沈国兵等学者就认为人民币汇率制度应该实行渐进的汇率制度改革,钉住美元制还比较合理。

2005年7月,我国开始实行以市场供求为基础、参考一篮子货币进行调节、有管理的浮动汇率制度。人民币汇率不再钉住单一美元。之后,人民币持续升值,外汇储备仍然保持增长势头。

总之,人民币汇率制度一直在进行稳定与效率之间的两难选择。在资本与金融账户没有开放的条件下,人民币汇率制度的变迁同经常项目密切相关。人民币汇率制度改革是我国经济发展历程的一个缩影。

6.2 我国的主导产业更替和进出口结构

在前文,研究了产业结构同汇率制度选择的关系,而产业结构之所以同汇率制度之间正向相关,是由于技术进步、主导产业更替和进出口结构相互之间的传导所引起,那么,在研究我国的汇率制度选择时,撇开技术进步不谈,先来看一下我国的主导产业更替和进出口结构。

从经济史学角度来研究中国主导产业演进的著作并不多见,

现有的研究主要集中在1979年以后。周良民①（1994）回顾了1949—1978年中国的主导产业演变，认为市场没有发挥引导资源配置的核心作用和激励作用。史忠良、何维达②（2004）从产业兴衰和转化的角度，对中国的产业结构演化进行了历史考察和实证分析。刘伟③（1995）考察了经济发展史上工业化加速时期的产业结构特征及其演进规律，认为"重化工业与非耐用消费品构成的产业群比较适合于选择为下一阶段中国工业化进程中的主导产业"。大量研究侧重于回顾改革开放以后的经济转轨时期主导产业的发展情况，以期对未来主导产业选择和发展作前瞻性的预测。这些研究大多认为，1979年以来，中国的主导产业变迁经历了从轻工业向耐用消费品工业，再到重化工业的转变。

作为后起的发展中国家，我国主导产业更替的线条远没有世界性主导产业更替那么清晰，究其原因，可能是我国改革开放之前的经济发展相对滞后。改革开放以后，后发优势和技术模仿相继爆发，无论是世界上已经衰落的主导产业还是正在兴起的主导产业迅速传入我国，主导产业出现齐头并进现象。

抛开农业不谈，我国最初的主导产业应该是纺织产业，之后，家用电器、钢铁和机械制造产业相继兴起。目前，房地产产业和电子信息产品加工业方兴未艾，但房地产产业不具有可贸易性，与进出口没有直接关系，电子信息产品加工业是电子产品生产分工的一个环节，我们所提供的更多的是劳动力。

作为发展中国家，我国工业化历程较短，虽然具有后发优

---

① 周良民．中国主导产业的发展历程与未来趋势［J］．经济学家，1994年第3期．

② 史忠良，何维达．产业兴衰与转化规律［M］．北京：经济管理出版社，2004年．

③ 刘伟．工业化进程中的产业结构研究［M］．北京：中国人民大学出版社，1995年．

第6章 我国汇率制度选择与产业结构适配性

势,可以同时出现几个主导性产业,但由于前一产业发展并不充分,后一主导产业的生产效率和产品质量难以同发达国家相抗衡,这一现象在我国的汽车行业表现得尤为明显,主导产业的跨越式发展只是一种形式。

主导产业从发达国家转入次发达国家然后再转入发展中国家是世界性主导产业更替的一种常态。从根本上来说,中国也不能脱离这个循环体系。在世界性主导产业的更替过程,或者说在产品循环过程,也是比较优势、特定要素和资源禀赋的转换过程,主导产业的出口产值在进出口贸易中理应居于主导地位。

对于我国的进出口状况,陈仲常、刘林鹏①(2006)研究后得出:1980—1987年,以轻纺产品为主的劳动资源密集型产品出口增长较为迅速,所占份额较大;1987—2000年,机电产品、高新技术产品等重化工制成品出口增长较快,所占份额迅速上升;2000—2003年,是从劳动和资源密集型的低附加值的出口商品结构(鞋类、服装、轻纺产品等)向资本和技术密集型(机械、化工、电子产品等)的高附加值的出口商品结构转变的重要阶段;2003年,资本和技术密集型产品所占出口份额首次超过劳动和资源密集型产品。李舒妍②(2006)对我国进出口商品数据进行整理以后得出:我国纺织品与服装的出口比重大大高于发达国家,也高于新兴工业国家,但却大大低于那些后起的发展中国家,并且,这一比重已经开始出现下降的趋势;我国的机械和运输设备的出口比重仍然低于发达国家和新兴工业化国家,却大大超过后起的发展中国家,并且这一比重呈逐年稳步上升的趋势;我国机电产品出口有较大提高,2000年、2001年和2002

---

① 陈仲常,刘林鹏.我国工业制成品出口结构变迁对经济增长的实证分析[J].国际贸易问题,2006年第10期.

② 李舒妍.我国贸易品结构分析与优化建议[J].全国商情,2006年第10期.

年,机电产品出口额占我国外贸进出口额的比重分别是42.3%、44.6%和48.2%,而且这一比例仍在不断提高。

从以上数据可见,主导产业在我国的出口产品中确实居于主导性地位。主导产业的变迁对我国的进出口产品结构有着决定性影响。

同时也可以看出,我国主导产业居于世界性主导产业链的低端,这就决定了我国的产品在国际市场上处于完全竞争或近似于完全竞争的态势。

6.3 对我国汇率制度选择的思考

表6.1是我国1978年至2006年的产业结构比例。

表6.1 我国中国国内生产总值构成① (按当年价格计算)

(单位:%)

年份	第一产业	第二产业	第三产业
1978	28.188 566 25	47.876 430 21	23.935 003 54
1979	31.265 647 97	47.100 620 32	21.633 731 71
1980	30.173 924 45	48.222 202 56	21.603 873 00
1981	31.880 686 86	46.110 024 42	22.009 288 72
1982	33.388 756 25	44.765 036 46	21.846 207 30
1983	33.179 658 08	44.379 584 65	22.440 757 27
1984	32.131 976 66	43.086 538 80	24.781 484 55
1985	28.442 618 52	42.885 806 48	28.671 575 00

---

① 《国际统计年鉴》所给出的我国的一、二、三产业占比数据与《中国统计年鉴》给出的我国的一、二、三产业占比数据相比,有很大出入,前文引用的是《国际统计年鉴》的数据,此处引用的是《中国统计年鉴的数据》。

第6章 我国汇率制度选择与产业结构适配性

续 表

年份	第一产业	第二产业	第三产业
1986	27.150 069 80	43.723 811 58	29.136 118 62
1987	26.811 047 10	43.550 606 31	29.638 346 59
1988	25.695 723 24	43.789 653 02	30.514 623 74
1989	25.105 007 94	42.831 116 54	32.063 875 51
1990	27.116 178 30	41.340 654 76	31.553 166 94
1991	24.526 318 87	41.788 675 01	33.685 006 13
1992	21.789 905 22	43.444 640 86	34.755 453 92
1993	19.708 433 05	46.568 365 79	33.723 201 16
1994	19.761 245 82	46.569 289 00	33.569 465 18
1995	19.862 274 99	47.175 025 91	32.862 699 10
1996	19.691 010 30	47.536 638 42	32.772 351 28
1997	18.287 109 86	47.539 014 03	34.173 876 11
1998	17.555 954 13	46.212 245 27	36.231 800 60
1999	16.470 242 60	45.757 057 59	37.672 699 82
2000	15.063 034 46	45.916 527 34	39.020 438 20
2001	14.391 723 59	45.052 718 94	40.455 557 47
2002	13.742 749 17	44.789 797 45	41.467 453 38
2003	12.797 353 10	45.968 962 72	41.233 684 18
2004	13.393 142 76	46.225 344 12	40.381 513 12
2005	12.547 290 60	47.514 866 55	40.037 842 85
2006	11.730 868 92	48.921 866 34	39.357 264 75

资料来源:《中国统计年鉴》2007。

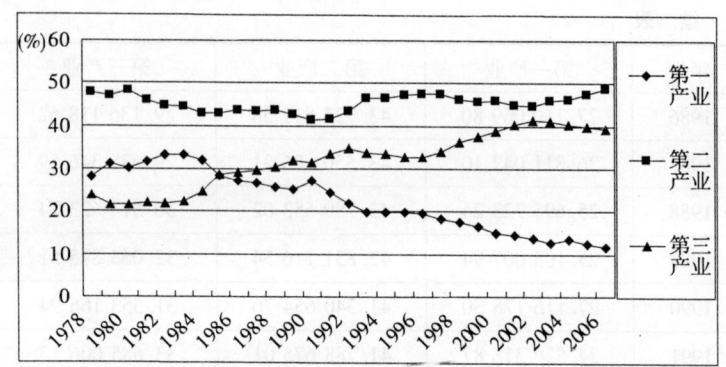

图 6.1 我国产业结构变化（1978－2006）示意图

从我国的产业结构变迁过程可以看出，从 1978 年以来，第一产业占比有逐渐降低的趋势，第二产业占比改变不大，第三产业占比有逐渐升高的趋势。但总体上，我国的产业结构高度并不高。与发达市场经济国家相比，第一产业占比仍然较大，第三产业占比仍然较低。

从前文的 Logistic 回归分析可见，我国汇率制度的 Logistic 概率估计值 1997 年为 0.105 643 037；2000 年为 0.202 404 577；2003 年为 5.89E－03。尽管在样本国家的选取上，产业结构更低的选取非自由浮动汇率制度的国家较少，导致我国的 Logistic 检验值相对偏低，但我国的产业结构较低却是不争的事实。

较低的产业结构实际上是由主导产业处于世界主导产业链的低端的现实所决定，而主导产业处于世界产业链的低端的状况又是由技术水平较低所规定。我国的现实状况符合前文对发展中国家汇率制度选择的分析，所以，可以认为：

1. 我国的产业结构高度较低，理应选择非自由浮动的汇率制度。

2. 我国的主导产业尚处于世界主导产业链的低端，且呈多

第6章 我国汇率制度选择与产业结构适配性

元化态势，对汇率的管理应多于对汇率的放任。

3. 出于我国主导产业多元化发展的考虑，应低估人民币币值以免某些主导产业被过早地淘汰，从而导致其关联产业难以发展，后向关联产业中断，影响到总体产业结构高度的提高。

4. 如果现在就放开人民币汇率，实行自由的浮动汇率制度，则人民币汇率可能会由主导产业中处于最低端的主导产业决定，这样，不但产业结构的高度难以提高，而且会导致高端产业的空洞化，反倒延长了从非自由浮动的汇率制度向自由浮动汇率制度的过渡时间。

5. 人民币实行非自由浮动的汇率制度，并不意味着人民币汇率不能变动。在管理多于浮动的汇率制度当中，当人民币被过度低估时，产业结构会过度地向最低端产业倾斜，不利于产业结构的升级换代；而当人民币高估时，又会打击主导产业的生产能力，而影响经济增长的能力。那么，在人民币总体上实行非自由浮动的汇率制度过程中，人民币汇率的变动应该是一个试错的过程，至于试错的方式是下一步需进行研究的课题。

那么，目前我国选择的非自由浮动的汇率制度理应是最优选择，并且从产业结构角度考虑，这种汇率制度要实行很长时间，直到我国的产业结构高度与发达国家之间的差距足够小，小到足以实行自由浮动汇率制度为止。

6.4 小 结

当人民币汇率发生变化时，我国出口企业必然改变出口规模，并最终影响到主导产业的数目。

对于我国的出口企业来说，一旦汇率下跌，出口收入也会下降。当汇率下跌的幅度足够大，致使以本币表示的出口收益曲线低于边际（平均）成本曲线时，企业出口业务会立即出现亏损，如果这种状况一直持续下去,企业最终会退出国际市场。汇率的下降会减少出口厂商的数目和出口厂商出口产品的数量。反之,汇率提高,出口收入也会提高,出口厂商的数目和出口厂商出口产品的数量都会增加。

由于产业结构的限制,我国的出口商难以在发达国家市场建立自己的垄断势力,我国出口厂商的收益实际上是汇率收益。汇率的下降会影响出口厂商的生存状况。作为一个群体,出口商会通过各种方式影响政府的汇率决策,不可否认,他们是影响汇率制度选择的一股重要势力。但更重要的是作为一个整体,当汇率下降时,我国由经常项目产生的外汇储备数量会随之降低。我国出口商在国际市场上只是价格的接受者,由经常项目产生的外汇收入与出口数量正向相关,在我国资本与金融逐渐开放的过程中,出于防范金融危机的考虑,政府部门不得不考虑由经常项目产生的外汇储备数量。

在金融市场逐步开放条件下,出于防范金融危机的考虑,较高的经常项目的资金净流入可能是较好的选择,这取决于出口商品的数量,而出口商品的数量又取决于汇率水平。汇率水平越高,出口商的数目和出口商品的数量也就越多;反之,汇率水平越低,出口商的数目和出口商品的数量也就越少,并且,出口商品的数量还受制于汇率波动,汇率波动的幅度越大,出口商所承担的破产风险也就越大。那么,对于政府来说,最好的选择就是执行钉住式的固定汇率制度,并低估本币价值。这种状况由我国的产业结构水平所决定,在较短时期内难以改观。

汇率制度受产业结构所规范,产业结构是一个相对的动态概念,是由主导产业更替所决定的外在表现,汇率制度与产业结构的适应性在实际上所表现的是国家之间在技术水平差异。我国汇率制度由固定走向浮动的进度由我国产业结构与发达市场经济国家产业结构之间的差距缩小的时间进程所决定,如果过早地执行浮动汇率制度，则在我国内部必然表现为外汇储备的减少、产业结构的单调和经济增长的放缓。无论资本与金融账户开放与否，经常账户的预算约束不容忽视，汇率制度选择须放在长期内进行考察，这一期限的确定由产业结构差距的相对缩小为标尺，难以确切量化。

综上所述，人民币汇率制度选择应放在与发达市场经济国家相比产业结构差距相对缩小的动态时间内进行考察，在这一差距没有达到一定的限度以内，非自由浮动汇率制度可能是较优选择，而这一"限度"的确定应该是一个动态的过程。

第7章 结 论

一、通过以上分析可以得出以下主要结论

1. 集中到一点,现有汇率制度选择理论的局限性主要表现在对各国经济发展程度的忽略,对各国经济发展程度的忽略实际上就是对各国在产业结构高度存在巨大差异的忽略。

2. 产业结构高度和汇率制度选择之间存在高度的相关性。从样本国家的 Logistic 回归分析来看,产业结构高度越高,越倾向于选择自由的浮动汇率制度;产业结构高度越低,越倾向于选择非自由浮动的汇率制度。

3. 主导产业更替、产业结构变迁和经济增长都是由技术进步所内生决定。产业结构变迁的深层次原因是主导产业更替;主导产业更替的深层次原因是技术进步。

4. 在汇率制度选择的过程中,对于发展中国家来说,资本与金融账户无论开放与否,经常账户都居于主导性地位。

5. 主导产业处于世界性主导产业低端的国家更倾向于选择非自由浮动的汇率制度;主导产业处于世界性主导产业高端的国家更倾向于选择自由的浮动汇率制度。

6. 产业结构与汇率制度之间尽管存在高度的相关性,但产业结构与汇率制度之间的高度相关性实际上只是一种表象。产业结构变迁和汇率制度安排的根源同为技术进步。由技术进步到产业结构变迁的传导路线为:技术进步、主导产业更替、产业结构变迁;由技术进步到汇率制度安排的传导路线为:技术进步、主

导产业更替、进出口结构、汇率制度安排。但无论是技术进步、主导产业更替还是进出口结构都难以定量地衡量汇率制度安排，而产业结构变迁却可以很好地对汇率制度安排作出定量判断。

7. 产业结构与汇率制度选择之间尽管存在正相关关系，但要注意产业结构的"实高度"和"虚高度"之分，产业结构的"虚高度"并不能解释产业结构与汇率制度选择之间的相关性。

二、需要进一步研究的问题

1. 在汇率制度的分类上，由于难以明确一国汇率制度当中管理部分和自由浮动部分所占的比例，从而也就难以明确产业结构与汇率制度选择之间更为明确的关系。那么如何确定各国汇率制度中间管理部分所占比例和浮动部分所占比例就成为需要进行下一步研究的第一个问题。

2. 本书中，从产业结构变迁与汇率制度选择关系的分析上没有对中间汇率制度的取舍作出更多的说明，如何将产业结构引入对中间汇率制度的选取是需要进行进一步研究的第二个问题。

3. 产业结构与汇率制度之间究竟存在线性相关还是非线性相关仍存疑问，还需要再对汇率制度进行分解以后作进一步验证。

归根到底，汇率制度选择问题是一个经济问题，近年来，有人认为汇率和汇率制度是一个政治问题。如果政治能够影响汇率制度选择，那么它也难以对汇率制度进行长久的抑制，否则，经济规律的内在支配作用必将使这种政治影响以其他更为激进的方式予以消除。

附 录

Exchange Rate Arrangements as of April 30, 1997				
Pegged				
Single currency			Currency composite	
U. S. dollar	French franc	Other	SDR	Other
Angola	Benin	Bhutan (Indian rupee)	Libyan Arab	Bangladesh
Antigua and Barbuda	Burkina Faso	Bosnia and Herzegovina	Jamahiriya	Botswana
Argentina	Cameroon	(deutsche mark)	Myanmar	Burundi
Bahamas	Central African Rep.	Brunei Darussalam		Cape Verde
Barbados	Chad	(Singapore dollar)		Cyprus
		Estonia		
Belize	Comoros	(deutsche mark)		Czech Republic
Djibouti	Congo, Rep. of	Kiribati		Fiji
Dominica	Côte d'Ivoire	(Australian dollar)		Iceland
Grenada	Equatorial			Jordan
Iraq	Guinea	Lesotho		Kuwait
	Gabon	(South African rand)		
Liberia		Namibia		Malta
Lithuania	Guinea – Bissau	(South African rand)		Morocco
Marshall Islands	Mali	San Marino		Nepal
Micronesia, Federated States of Nigeria	Niger	(Italian lira)		Seychelles
	Senegal	Swaziland		Slovak Republic
	Togo	(South African rand)		

续 表

				Solomon Islands
Oman				Thailand
Panama				Tonga
St. Kitts and Nevis				Vanuatu
St. Lucia				Western Samoa
St. Vincent and				The Grenadines
Syrian Arab Republic				

Flexibility Limited vis-à-vis a Single Currency or Group of Currencies			More Flexible	
Single currency	Cooperative arrangements	Other managed floating	Independently floating	
Bahrain	Austria	Algeria	Afghanistan	United States
Qatar	Belgium	Belarus	Islamic State of	Yemen, Republic of
Saudi Arabia	Denmark	Brazil	Albania	Zaire
United Arab Emirates	Finland	Cambodia	Armenia	Zambia
	France	Chile	Australia	Zimbabwe
			Azerbaijan	
	Germany	China, People's Republic of		
	Ireland	Colombia	Bolivia	
	Italy	Costa Rica	Bulgaria	
	Luxembourg	Croatia	Canada	
	Netherlands	Dominican Republic	Ethiopia	
			Gambia	
	Portugal	Ecuador		
	Spain	Egypt	Ghana	

产业结构变迁与汇率制度选择

续表

			El Salvador	Guatemala
			Eritrea	Guinea
			Georgia	Guyana
				Haiti
			Greece	
			Honduras	India
			Hungary	Jamaica
			Indonesia	Japan
			Iran, Islamic Republic of	Kazakstan
				Kenya Republic
			Israel	
			Kyrgyz, Republic	Lebanon
			Korea	Madagascar
			Lao P. D. R.	Malawi
			Latvia	Mauritania
				Mexico
			Macedonia, former Yugoslav Republic of	Moldova
			Malaysia	Mongolia
			Maldives	Mozambique
			Mauritius	New Zealand
			Nicaragua	Papua New Guinea
			Norway	Paraguay
			Pakistan	Peru
			Poland	Philippines
			Russian Federation	Romania
			Singapore	Rwanda
			Slovenia	São Tomé and Príncipe

· 172 ·

附 录

续 表

			Sri Lanka		
			Sudan	Sierra Leone	
			Suriname	Somalia	
			Tunisia	South Africa	
				Sweden	
			Turkey		
			Turkmenistan	Switzerland	
			Ukraine	Tajikistan, Republic of	
			Uruguay	Tanzania	
			Uzbekistan	Trinidad and Tobago	
			Venezuela	Uganda	
			Vietnam	United Kingdom	

资料来源：国际货币基金组织年报 1997. www. imf. org.

Exchange Rate Arrangements as of April 30, 2000							
			Monetary Policy Framework				
Exchange rate regime (Number of countries)	Exchange rate anchor					Monetary aggregate target	IMF-supported or other monetary program	Other
Exchange arrangements with no separate legal tender (37)	Another currency as legal tender	ECCU	CFA franc zone			Benin	Euro Area
			WAEMU	CAEMC		Burkina Faso	Austria
	Kiribati	Antigua	Benin	Cameroon		Cameroon	Belgium
	Marshall Islands	Barbuda	Burkina Faso	Central African Rep.		Central African Republic	Finland
		Dominica	Côte d'Ivoire	Chad		Côte d'Ivoire	France
	Micronesia	Grenada	Guinea – Bissau	Congo, Rep. of		Guinea – Bissau	Germany
	Palau	St. Kitts	Mali	Equatorial		Mali	Ireland

续 表

Exchange Rate Arrangements as of April 30, 2000							
		Monetary Policy Framework						
Exchange rate regime (Number of countries)	Exchange rate anchor				Monetary aggregate target	IMF-supported or other monetary program	Other
Exchange arrangements with no separate legal tender (37)	Another currency as legal tender	ECCU	CFA franc zone			Benin	Euro Area
			WAEMU	CAEMC		Burkina Faso	Austria
	Panama	Nevis	Niger	Guinea		Senegal	Italy
	San Marino	St. Lucia	Senegal	Gabon			Luxembourg
		St. Vincent the Grenadines	Togo				Netherlands
							Portugal
							Spain
Currency board arrangements (8)	Argentina						
	Bosnia and Herzegovina					Argentina	
	Brunei Darussalam					Bosnia	
	Bulgaria					Herzegovina	
	Hong Kong SAR					Bulgaria	
	Djibouti					Djibouti	
	Estonia						
	Lithuania						
Other conventional fixed peg arrangements	Against a single currency (32)		Against a composite (13)		China	Bangladesh	
	Aruba		Bangladesh			Cape Verde	
	Bahamas		Botswana			El Salvador	

续 表

Exchange Rate Arrangements as of April 30, 2000							
			Monetary Policy Framework				
Exchange rate regime (Number of countries)		Exchange rate anchor			Monetary aggregate target	IMF-supported or other monetary program	Other
Exchange arrangements with no separate legal tender (37)	Another currency as legal tender	ECCU	CFA franc zone			Benin	Euro Area
			WAEMU	CAEMC		Burkina Faso	Austria,
(including de facto peg arrangements under managed floating) (45)		Bahrain	Fiji			Jordan	
		Barbados	Kuwait		Latvia		
		Belize	Latvia		Macedonia,		
		Bhutan	Malta			FYR	
		Cape Verde	Morocco			Pakistan	
		China	Myanmar			Zimbabwe	
		Comoros	Samoa				
		Egypt	Seychelles				
		El Salvador	Solomon Islands				
		Iran, Islamic Rep. of	Tonga				
		Iraq	Vanuatu				
		Jordan					
		Lebanon					
		Lesotho					
		Macedonia, FYR					
		Malaysia					
		Maldives					
		Namibia					
		Nepal					
		Netherlands Antilles					

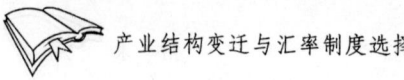

续 表

Exchange Rate Arrangements as of April 30, 2000							
			Monetary Policy Framework				
Exchange rate regime (Number of countries)	Exchange rate anchor					Monetary aggregate target	IMF-supported or other monetary program	Other
Exchange arrangements with no separate legal tender (37)	Another currency as legal tender	ECCU	CFA franc zone			Benin	Euro Area
			WAEMU	CAEMC		Burkina Faso	Austria
	Oman						
	Pakistan						
	Qatar						
	Saudi Arabia						
	Swaziland						
	Syrian Arab Republic						
	Trinidad and Tobago						
	Turkmenistan						
	United Arab Emirates						
	Zimbabwe						
Pegged exchange rates within horizontal bands (6)	Within a cooperative arrangement	Other band arrangements (4)					
	ERM-II (2)	Cyprus	Libya				
	Denmark	Iceland	Vietnam				
	Greece						
	Monetary Policy Framework						

附 录

续 表

Exchange Rate Arrangements as of April 30, 2000							
			Monetary Policy Framework				
Exchange rate regime (Number of countries)	Exchange rate anchor				Monetary aggregate target	IMF-supported or other monetary program	Other
Exchange arrangements with no separate legal tender (37)	Another currency as legal tender	ECCU	CFA franc zone			Benin	Euro Area
			WAEMU	CAEMC		Burkina Faso	Austria
Exchange Rate Regime (Number of countries)	Exchange rate anchor				Monetary aggregate target	Inflation – targeting framework	IMF – supported or other monetary program	Other
Crawling pegs (5)	Costa Rica						Bolivia	
	Nicaragua						Nicaragua	
	Turkey						Tunisia	
								Turkey
Exchange rates within crawling bands (7)	Israel	Honduras	Hungary		Sri Lanka	Israel	Honduras	
	Uruguay	Poland	Sri Lanka		Poland	Uruguay		
		Venezuela						
Managed floating with no pre-announced path for exchange rate (27)					Lao P. D. R.	Czech Rep.	Azerbaijan	Algeria
					Jamaica		Cambodia	Belarus
					Malawi		Croatia	Burundi
					Slovenia		Kenya	Dominican Rep.
							Kyrgyz Republic	Ethiopia

续 表

Exchange Rate Arrangements as of April 30, 2000							
Exchange rate regime (Number of countries)	Monetary Policy Framework						
	Exchange rate anchor				Monetary aggregate target	IMF-supported or other monetary program	Other
Exchange arrangements with no separate legal tender (37)	Another currency as legal tender	ECCU	CFA franc zone		Benin		Euro Area
			WAEMU	CAEMC	Burkina Faso		Austria
					Mauritania		Guatemala
					Romania		Nigeria
					Tajikistan		Norway
					Ukraine		Paraguay
							Singapore
							Slovak Rep.
							Suriname
							Uzbekistan
Independently floating (50)					Colombia	Australia	Albania	Afghanistan
					Gambia	Brazil	Armenia	Islamic State of Angola
					Ghana	Canada	Colombia	
					Guinea	Chile	Gambia	
					Guyana	New Zeal	Georgia	Congo, Dem.
					Korea	Sweden	Ghana	Congo, Rep. of the
					Mauritius	United Kingdom	Guinea	Ecuador
					Mongolia		Guyana	Eritrea

附 录

续 表

Exchange Rate Arrangements as of April 30, 2000						
Exchange rate regime (Number of countries)	Exchange rate anchor				Monetary aggregate target	IMF-supported or other monetary program	Other
	Another currency as legal tender	ECCU	CFA franc zone				
			WAEMU	CAEMC			
Exchange arrangements with no separate legal tender (37)						Benin	Euro Area
						Burkina Faso	Austria
			Peru			Haiti	India
			Philippines			Indonesia	Japan
			São Tomé and Príncipe			Kazakhstan	Liberia
						Korea	Papua New Guinea
			Sierra Leone			Madagascar	
			Yemen, Rep. of			Mexico	Somalia
						Moldova	South Africa
						Mongolia	Switzerland
						Mozambique	United States
						Peru	
						Philippines	
						Russia	
						Rwanda	
						Sierra Leone	
						Sudan	
						Tanzania	
						Thailand	
						Uganda	
						Yemen, Rep. of	
						Zambia	

资料来源：国际货币基金组织 2000 年报，www.imf.org。

国际货币基金组织公布的各国和地区的汇率制度安排(2003)

没有单独法定货币的汇率安排	厄瓜多尔、塞尔瓦多、基里巴斯、马绍尔群岛、帕劳、巴拿马、圣马力诺、东帝汶、安提瓜和巴布达、多米尼加、格林纳达、圣基茨和尼维斯、圣卢西亚、圣文森特和格林纳丁斯、贝宁、布基纳法索、科特迪瓦、几内亚比绍、马里、尼日尔、塞内加尔、多哥、喀麦隆、中非共和国、乍得、刚果共和国、赤道几内亚、加蓬、欧元区12国(奥地利、比利时、芬兰、德国、法国、希腊、爱尔兰、意大利、卢森堡、荷兰、葡萄牙、西班牙)
货币局安排	波斯尼亚和塞黑哥维那、文莱达鲁萨兰国、保加利亚、吉布提、爱沙尼亚、中国香港特别行政区、立陶宛
其他传统的固定钉住安排	阿鲁巴岛、巴哈马、巴林、孟加拉国、巴巴多斯、伯利兹、不丹、佛得角、中国、科摩罗、埃及、厄立特里亚、几内亚、约旦、科威特、黎巴嫩、莱索托、前南斯拉夫的马其顿共和国、马来西亚、马尔代夫、纳米比亚、尼泊尔、荷兰安德烈群岛、阿曼、卡塔尔、沙特阿拉伯、苏里南、斯威士兰、阿拉伯叙利亚共和国、土库曼斯坦、乌克兰、阿拉伯联合酋长国、委内瑞拉、津巴布韦、博茨瓦纳、斐济、拉脱维亚、利比亚、马耳他、摩洛哥、萨摩亚、瓦努阿图
水平波幅内的钉住汇率	塞浦路斯、丹麦、苏丹、匈牙利、汤加
爬行钉住	玻利维亚、哥斯达黎加、尼加拉瓜、所罗门群岛、突尼斯
爬行波幅内的汇率	白俄罗斯、洪都拉斯、以色列、罗马尼亚、斯洛文尼亚
没有事先确定的汇率路径的管理浮动	柬埔寨、埃及、冈比亚、加纳、圭亚那、毛里求斯、圣多美和普林西比、赞比亚、捷克共和国、泰国、阿根廷、阿塞拜疆、克罗地亚、埃塞俄比亚、肯尼亚、吉尔吉斯共和国、老挝、摩尔多瓦、蒙古、巴基斯坦、卢旺达、塞尔维亚和黑山、越南、阿富汗、阿尔及利亚、安哥拉、卢隆迪、多米尼加共和国、危地马拉、海地、印度、伊拉克、哈萨克斯坦、马里塔尼亚、缅甸、尼日尔、巴拉圭、俄罗斯联邦、新加坡、斯洛伐克共和国、特立尼达和多巴哥、乌兹别克斯坦

续 表

独立浮动	乌拉维、塞拉利昂、斯里兰卡、也门共和国、澳大利亚、巴西、加拿大、智利、哥伦比亚、冰岛、韩国、墨西哥、新西兰、挪威、秘鲁、菲律宾、波兰、南非、瑞典、土耳其、英国、阿尔巴尼亚、亚美尼亚、刚果民主共和国、格鲁吉亚、马达加斯加、莫桑比克、坦桑尼亚、乌干达、日本、利比里亚、巴布亚新几内亚、索马里、瑞士、美国

资料来源：国际货币基金组织 2003 年年报，北京：中国金融出版社，2004。

参考文献

[1] 陈彪如. 国际金融概论 [M]. 上海：华东师范大学出版社, 1988.

[2] 陈岱孙, 厉以宁. 国际金融学说史 [M]. 北京：中国金融出版社, 1991.

[3] 陈平, 王曦. 人民币的非均衡分析与汇率制度的宏观效率 [J]. 经济研究, 2002 (3).

[4] 陈三毛. 汇率制度分类理论评述. 世界经济 [J], 2007 (1).

[5] 陈仲常, 刘林鹏. 我国工业制成品出口结构变迁对经济增长的实证分析 [J]. 国际贸易问题, 2006 (10).

[6] 崔津渡, 李诚邦. 中国对外贸易条件：1995—2005 年状况分析 [J]. 国际经济合作, 2006 (4).

[7] 大卫·李嘉图. 政治经济学及赋税原理 [M]. 北京：华夏出版社, 2005.

[8] 丁剑平, 曾琴芳. 我国汇率制度演进趋势分析 [J]. 东南学术, 2007 (1).

[9] 丁剑平. 人民币汇率制度的选择与调整空间的思考 [J]. 国际金融研究, 2002 (5).

[10] 丁剑平. 关于现行的人民币汇率机制的可持续性研究 [J]. 国际金融研究, 2003 (5).

[11] 冯用富. 中国进一步开放中汇率制度选择的方向 [J]. 金融研究, 2000 (7).

[12] 谷书堂. 社会主义经济学通论 [M]. 北京：高等教育出版社, 1999.

[13] 国际货币基金组织. 国际货币基金组织年报（1987）. 北京：中国金融出版社, 1988.

[14] 国际货币基金组织. 国际货币基金组织年报（1988）. 北京：中国金融出版社, 1989.

[15] 国际货币基金组织. 国际货币基金组织年报（1989）. 北京：中国金融出版社, 1990.

[16] 国际货币基金组织. 国际货币基金组织年报（1990）. 北京：中国金融出版社, 1991.

[17] 国际货币基金组织. 国际货币基金组织年报（1991）. 北京：中国金融出版社, 1992.

[18] 国际货币基金组织. 国际货币基金组织年报（1992）. 北京：中国金融出版社, 1993.

[19] 国际货币基金组织. 国际货币基金组织年报（1993）. 北京：中国金融出版社, 1994.

[20] 国际货币基金组织. 国际货币基金组织年报（1994）. 北京：中国金融出版社, 1995.

[21] 国际货币基金组织. 国际货币基金组织年报（1995）. 北京：中国金融出版社, 1996.

[22] 国际货币基金组织. 国际货币基金组织年报（1996）. 北京：中国金融出版社, 1997.

[23] 国际货币基金组织. 国际货币基金组织年报（1997）. 北京：中国金融出版社, 1998.

[24] 国际货币基金组织. 国际货币基金组织年报（1998）. 北京：中国金融出版社, 1999.

[25] 国际货币基金组织. 国际货币基金组织年报（1999）. 北京：中国金融出版社, 2000.

[26] 国际货币基金组织. 国际货币基金组织年报（2000）. 北京：中国金融出版社，2001.

[27] 国际货币基金组织. 国际货币基金组织年报（2001）. 北京：中国金融出版社，2002.

[28] 国际货币基金组织. 国际货币基金组织年报（2002）. 北京：中国金融出版社，2003.

[29] 国际货币基金组织. 国际货币基金组织年报（2003）. 北京：中国金融出版社，2004.

[30] 国际货币基金组织. 国际货币基金组织年报（2004）. 北京：中国金融出版社，2005.

[31] 国际货币基金组织. 国际货币基金组织年报（2005）. 北京：中国金融出版社，2006.

[32] 国际货币基金组织. 国际货币基金组织年报（2006）. 北京：中国金融出版社，2007.

[33] 中华人民共和国国家统计局. 国际统计年鉴（1987）. 北京：中国统计出版社，1988.

[34] 中华人民共和国国家统计局. 国际统计年鉴（1988）. 北京：中国统计出版社，1989.

[35] 中华人民共和国国家统计局. 国际统计年鉴（1989）. 北京：中国统计出版社，1990.

[36] 中华人民共和国国家统计局. 国际统计年鉴（1990）. 北京：中国统计出版社，1991.

[37] 中华人民共和国国家统计局. 国际统计年鉴（1991）. 北京：中国统计出版社，1992.

[38] 中华人民共和国国家统计局. 国际统计年鉴（1992）. 北京：中国统计出版社，1993.

[39] 中华人民共和国国家统计局. 国际统计年鉴（1993）. 北京：中国统计出版社，1994.

[40] 中华人民共和国国家统计局. 国际统计年鉴（1994）. 北京：中国统计出版社，1995.

[41] 中华人民共和国国家统计局. 国际统计年鉴（1995）. 北京：中国统计出版社，1996.

[42] 中华人民共和国国家统计局. 国际统计年鉴（1996）. 北京：中国统计出版社，1997.

[43] 中华人民共和国国家统计局. 国际统计年鉴（1997）. 北京：中国统计出版社，1998.

[44] 中华人民共和国国家统计局. 国际统计年鉴（1998）. 北京：中国统计出版社，1999.

[45] 中华人民共和国国家统计局. 国际统计年鉴（1999）. 北京：中国统计出版社，2000.

[46] 中华人民共和国国家统计局. 国际统计年鉴（2000）. 北京：中国统计出版社，2001.

[47] 中华人民共和国国家统计局. 国际统计年鉴（2001）. 北京：中国统计出版社，2002.

[48] 中华人民共和国国家统计局. 国际统计年鉴（2002）. 北京：中国统计出版社，2003.

[49] 中华人民共和国国家统计局. 国际统计年鉴（2003）. 北京：中国统计出版社，2004.

[50] 中华人民共和国国家统计局. 国际统计年鉴（2004）. 北京：中国统计出版社，2005.

[51] 中华人民共和国国家统计局. 国际统计年鉴（2005）. 北京：中国统计出版社，2006.

[52] 中华人民共和国国家统计局. 国际统计年鉴（2006）. 北京：中国统计出版社，2007.

[53] 韩爽，李凯. 钢铁工业国际转移问题研究［J］. 东北大学学报，2005（9）.

[54] 黄海洲. 汇率制度与经济增长：来自亚洲发展中国家和欧洲发达国家的经验研究［J］. 经济学，2005（4）.

[55] 江小涓. 我国出口商品结构的决定因素和变化趋势［J］. 经济研究，2007（5）.

[56] 江小涓. 世纪之交的工业结构升级［M］. 上海：上海远东出版社，1996.

[57] 姜波克，杨长江. 国际金融［M］. 北京：高等教育出版社，1999.

[58] 凯恩斯. 货币论［M］. 北京：商务印书馆，1986.

[59] 克鲁格曼. 国际经济学［M］. 5版. 北京：中国人民大学出版社，2006.

[60] 库兹涅茨. 各国的经济增长［M］. 北京：商务印书馆，1997.

[61] 李舒妍. 我国贸易品结构分析与优化建议［J］. 全国商情，2006（10）.

[62] 李杨，余维彬，人民币汇率制度改革：回归有管理的浮动［J］. 经济研究，2005（8）.

[63] 林平. 汽车史话（汽车发展史）［M］. 北京：电子工业出版社，2005.

[64] 刘淑兰. 英国产业革命史［M］. 长春：吉林人民出版社，1982.

[65] 刘伟. 工业化进程中的产业结构研究［M］. 北京：中国人民大学出版社，1995.

[66] 刘晓辉，范从来. 汇率制度选择及其标准的演变［J］. 世界经济，2007（3）.

[67] 罗斯托. 经济增长的阶段［M］. 北京：中国社会科学出版社，2001年.

[68] 罗斯托. 从起飞进入持续增长的经济学［M］. 成都：

四川人民出版社，1986.

[69] 蒙代尔. 固定与浮动汇率下国际调整的货币动态分析 [J]. 经济学，1960（5）.

[70] 蒙代尔. 蒙代尔经济学文集（第六卷）国际货币：过去、现在和未来 [M]. 北京：中国金融出版社，2003.

[71] 米尔顿·弗里德曼. 胡雪峰，武玉宁，译. 米尔顿·弗里德曼文萃 [M]. 北京：首都经贸大学出版社，2001.

[72] 芮明杰. 产业经济学 [M]. 上海：上海财经大学出版，2005.

[73] 沈国兵. 汇率制度的选择：理论综述及一个假说 [J]. 世界经济文汇，2002（3）.

[74] 史忠良，何维达. 产业兴衰与转化规律 [M]. 北京：经济管理出版社，2004.

[75] 舒幼东. 市场化与人民币汇率的有管理浮动 [J]. 金融研究，2001（2）.

[76] 孙兆斌. 汇率制度选择与金融危机 [J]. 国际金融研究，2002年（3）.

[77] 托马斯·图克. 通货原理研究 [M]. 北京：商务印书馆，2005.

[78] 休谟. 休谟经济论文选 [M]. 北京：商务印书馆，1983.

[79] 许晖. 我国纺织工业发展战略研究 [J]. 南开经济研究，1998（1）.

[80] 许少强. 二十世纪汇率制度变迁之回顾 [J]. 中国外汇管理，1999（12）.

[81] 亚当·斯密. 国富论 [M]. 北京：华夏出版社，2005.

[82] 易纲，范敏. 人民币汇率的决定因素及走势分析

[J]. 经济研究, 1997 (10).

[83] 易纲. 汇率制度的选择 [J]. 金融研究, 2000 (9).

[84] 易纲. 汇率制度的选择和人民币有效汇率的估计 [J]. 北京大学中国经济研究中心学刊, 2000 (2).

[85] 约翰·F. 乔恩. 货币史 [M]. 北京: 商务印书馆, 2002.

[86] 赵德志. 国际货币制度的现状和发展趋势研究 [M]. 昆明: 云南科技出版社, 1999.

[87] 张志超. 汇率制度理论的新发展: 文献综述 [J]. 世界经济, 2002 (1).

[88] 国家统计局. 中国统计年鉴2007. 北京: 中国统计出版社, 2008.

[89] 周良民. 中国主导产业的发展历程与未来趋势 [J]. 经济学家, 1994 (3).

[90] 周新生. 产业兴衰论 [M]. 西安: 西北大学出版社, 2000.

[91] 周宇. 金融危机与汇率制度选择 [J]. 世界经济研究, 2002 (5)

[92] Angus Msddison 著, 吴晓鹰, 徐宪春等译. 世界经济千年史 [M]. 北京: 北京大学出版社, 2003.

[93] Calvo, Guillermo A., and Reinhart, Carmen M. (2000): *Fear of Foating*. NBER Working Paper.

[94] Davis, D. and David Weinstein. *Do Factor Endowments Matter for North – North Trade?*. NBER Working Paper 8516, 2001, 10.

[95] Dooley, M. P., D. Folkerts – Landau and P. Garber. *An Essay on the Revived Bretton Woods System*. NBER Working Paper 9971, 2003.

参考文献

[96] Eichengreen, Ricardo Hausmann. *Exchange Rate and Financial Fragility*. Paper presented at Federal Reserve Bank of Kansas City's Conference on Issues in Monetary Policy Jackson Hole, Wyoming, 27 - 29 August.

[97] Fischer, Stanley. *Exchange Rate Regime: Is the Bipolar View Correct?*. Distinguished Lecture on Economics in Government, delivered at the AEA meeting in new Orleans on January 6, 2001.

[98] Friedman, Milton. *The Case for Flexible Rates, in Essays in Positive Economics*. Chicago and London: University of Chicago Press, 1953.

[99] Ghosh, Atish R. ; Gulde, Anne - Marie and Wolf, Holger C. *Does the Nominal Exchange Rate Regime Matter?*. NBER Working Paper, No. 5874, 1997.

[100] Hausmann, R. , Ugo Panizza, and Ernesto Stein. *Why Do Countries Float the Way They Float?*. American Development Bank Working Paper, 2000.

[101] Kuznets, Simon. *National Income and Industrial Structure*. Econometrica. 1949, 17, 205—241

[102] Leamer, Edward E. *The Leontief Paradox, Reconsidered*. Journal of Political Economy, 1980, 3.

[103] Leontief, Wassily. *Domestic Production and Foreign Trade: The American Capital Position Re - examined*. Proceedings of the American Philosophical Society, 97, 9. 1953.

[104] Levy - Yeyati, Eduardo and Federico Sturzenegger. *Deeds vs Words: Classifying Exchange Rate Regimes*. Mimeo, Universidad Torcuato Di Tella, 2000.

[105] Levy - Yeyati, Eduardo and Federico Sturzenegger. *Exchange Rate Regime and Economic Performance*. Mimeo, Uni-

versidad Torcuato Di Tella, 2001.

[106] Maurice Obstfeld. *Inflation - targeting, Exchange - rate Pass - througe, and Volatility*. The American Economic Review, Vol. 92, No. 4, May. pp. 102 -107, 2002.

[107] Meade, James E. *The Balance of Payments*. London: Oxford University Press, 1951.

[108] Obstfeld, M. and Rogoff, K. *Foundations of International Macroeconomics*. MA, MIT Press, 1996.

[109] Olivier Blanchard. *Macroeconomics*. Published by Prentice Hall, 2006.

[110] Philippe Aghion, Peter Howitt 著, 陶然, 倪彬华, 王柏林等译, 内生增长理论 [M]. 北京: 北京大学出版社, 2004.

[111] Raymond Vernon: *Inernational Investment and International Trade in the Product Cycle*. Quarterly Journal of Economics, May. 1966.

[112] Reinhart, Camen M. and Rogoff, Kenneth S. *The Modern History of Exchange Rate Arrangement: A Reinterpretation*. NBER Working Paper, No. 89632, 2002.

[113] Solow, R. M. *A Contribution to the Theory of Economic Growth*. Quarterly Journal of Economics. 1956.

[114] Swan, T. W. *Economic Growth and Capital Accumulation*. Economic Record, 1956.

[115] Swoboda, Alexander K. *Credibility and Viability in International Monetary Arrangements*. Finance and Development, Vol. 23, September, 1986.

[116] Trefler, Daniel. *The Case of the Missing Trade and Other Mysteries*. American Economic Review, 1995, 5.

参考文献

[117] Vanek, Jaroslav. *The Factor Proportions Theory: The N - Factor Case.* Kyklos, 1968, 21.

[118] Williamson, J. *The Exchange Rate System. Policy Analyses in International Economics*, Washington: Institute of International Economics, 1983, 5.

图书在版编目（CIP）数据

产业结构变迁与汇率制度选择/张广斌著．—昆明
云南大学出版社，2010
ISBN 978-7-5482-0037-6

Ⅰ.①产… Ⅱ.①张… Ⅲ.①产业结构—关系—汇率
—货币制度—研究 Ⅳ.①F062.9②F820.2

中国版本图书馆 CIP 数据核字（2010）第 035874 号

产业结构变迁与汇率制度选择
张广斌 著

策划编辑：	蔡红华
责任编辑：	石　可
封面设计：	丁群亚
出版发行：	云南大学出版社
印　　装：	昆明耀骏印务有限公司
开　　本：	850mm×1168mm　1/32
印　　张：	6.375
字　　数：	166 千
版　　次：	2010 年 4 月第 1 版
印　　次：	2010 年 4 月第 1 次印刷
书　　号：	ISBN 978-7-5482-0037-6
定　　价：	20.00 元

地　　址：昆明市翠湖北路 2 号云南大学英华园内
邮　　编：650091
发行电话：0871-5031071　5033244
网　　址：http://www.ynup.com
E-mail：market@ynup.com